Helmut Krämer
Anton Prock

Südtirol – Osttirol – Nordtirol

Die schönsten Tiroler Burgen & Schlösser

Mit Tipps: Speisen und Logieren in alten Gemäuern

TAPPEINER
TYROLIA

Die schönsten Tiroler Burgen & Schlösser

SÜDTIROL

VINSCHGAU 10

1. Kloster Marienberg 12
2. Glurns 14
3. Mals 15
4. Churburg 16
5. Schloss Juval 18
6. Schloss Kastelbell 20

MERAN & UMGEBUNG 22

7. Schloss Tirol 24
8. Brunnenburg 26
9. Lebenberg 27
10. Schloss Schenna 28
11. Trauttmansdorff 30
12. Unterkasatsch – Pfefferburg 32

ÜBERETSCH & UNTERLAND 34

13. Schloss Sigmundskron 36
14. Hocheppan 38
15. Schloss Boymont 39
16. Weinmuseum Kaltern 40
17. Schloss Runkelstein 41
18. Schloss Maretsch 42

EISACKTAL & WIPPTAL 44

19. Schloss Prösels 46
20. Trostburg 48
21. Schloss Velthurns 49
22. Hofburg Brixen 50
23. Kloster Neustift 52
24. Burg Reifenstein 54
25. Schloss Wolfsthurn 56
26. Schloss Rodenegg 58

PUSTERTAL & SEITENTÄLER 60

27. Ehrenburg 62
28. Schloss Sonnenburg 64
29. Ciastel de Tor Museum Ladin 66
30. Schloss Taufers 68
31. Bergbaumuseum Kornkasten 70
32. Ansitz Mair am Hof Dietenheim ... 72
33. Schloss Welsberg 74

OSTTIROL

OSTTIROL 76

34. Burg Heinfels 78
35. Schloss Lengberg 80
36. Liebburg 82
37. Schloss Bruck 84
38. Schloss Weißenstein 86
39. Burgruine Rabenstein 88

NORDTIROL

TIROLER OBERLAND 90

40. Naudersberg 92
41. Grenzfeste Altfinstermünz 94
42. Burg Laudeck 96
43. Burg Berneck 98
44. Schloss Landeck 100
45. Kronburg 102
46. Burg Petersberg 104
47. Schloss Fernsteinsee – Sigmundsburg 106
48. Klause und Burgruine Ehrenberg ... 108

Inhalt

INNSBRUCK & UMGEBUNG 110

49 Burg Martinsbühel 112
50 Schloss Mentlberg 114
51 Kaiserliche Hofburg 116
52 Ansitz Büchsenhausen 118
53 Ansitz Weiherburg 120
54 Schloss Ambras 122
55 Burgkapelle Aufenstein 124
56 Burgruine Thaur 126
57 Burg Hasegg 128
58 Schloss Friedberg 130

TIROLER UNTERLAND 132

59 Burg Freundsberg 134
60 Schloss Tratzberg 136
61 Schloss Thurneck-Rotholz 138
62 Burg Matzen 140
63 Burg Lichtwehr 142
64 Ruine Festung Rattenberg 144
65 Wallfahrtsburg Mariastein 146
66 Schloss Itter 148
67 Festung Kufstein 150

Die schönsten Tiroler Burgen & Schlösser

Burgen und Schlösser in Tirol

Tirol ist reich an Burgen, Schlössern, Ruinen und Ansitzen, Südtirol noch mehr als Nord- und Osttirol. Diese Bauwerke sind Marksteine in unserer Kulturlandschaft und üben auf viele Menschen einen geheimnisvollen Reiz aus. Die Ursprünge zahlreicher wehrhafter Bauten liegen im Dunkeln, doch sind diese eng mit der Geschichte des Landes verbunden. Bedeutende Ereignisse haben sich im Laufe der Zeit auf diesen Anlagen abgespielt und nicht umsonst ist das gesamte Land nach einer Burg benannt: nach Schloss Tirol bei Meran.

Burgen sind typisch mittelalterliche Bauwerke, bei denen der Aspekt der Sicherheit und der Verteidigung im Vordergrund steht. In der Regel sind es bewohnbare Wehrbauten auf Felsvorsprüngen und Hügeln, die zumindest an drei Seiten von steilem Gelände umgeben sind. Von einer Seite her führt meist ein bewehrter Zugang zur Anlage. Man spricht dabei von Höhenburgen. Als Beispiele seien hier die Rottenburg oberhalb von Rotholz bei Jenbach und Burg Reifenstein südlich von Sterzing angeführt. Burganlagen direkt im Tal gibt es in Tirol nur wenige. Burg Lichtwerth bei Brixlegg erhebt sich auf einem niederen Felsen vom Talboden, war einst vom Inn umflossen und stellte somit eine Wasserburg dar. Die wichtigsten Bauteile einer Burg sind Vorburg und Hauptburg mit zinnenbewehrten Mauern, Tortürmen und Zugbrücken, verschiedene Höfe, der Bergfried als höchster und am stärksten befestigter Turm, der Palas als Wohngebäude, die Kemenate als Wohnteil der Familie, Küche, Kapelle, Wendeltreppen, Gerichtssaal, Gefängnis, Rüstkammern, Stallungen, Wirtschaftsgebäude, Werkstätten u. a.

Eine besondere Herausforderung stellte die Wasserversorgung dar. Brunnen anzulegen war auf felsigem Grund oft schlichtweg nicht möglich und Zuleitungen stellten ein Sicherheitsrisiko bei Belagerungen dar, so wurden oft raumgroße Zisternen in den Felsen gehauen, um das Regenwasser zu sammeln.

Das Leben auf einer Burg

Das Leben auf Burgen war alles andere als angenehm. Es war eng, zugig, düster und im Winter kalt. Ein Problem stellte das Heizen dar. Kamine (mit enormem Holzbedarf) befanden sich anfänglich nur in der Küche und in der Kemenate. Das Wort Kemenate leitet sich von lat. caminata = Kamin ab. In den anderen Räumen wurde mit metallenen Kohle- oder Holzschüsseln auf einem Gestell geheizt. Als Fenster dienten Holzläden, Pergament, ölgetränkte Stoffe oder Tierhäute. Vorhänge gab es keine, Glasfenster waren viel zu teuer. Gerne holte man sich Haustiere zum Wärmen in die Räume.

Die Badekultur galt als wichtig und war sehr ausgeprägt. Meist dienten große Holzzuber als Wannen, in denen warme Bäder häufig von Mann und Frau gemeinsam genossen wurden. Baden galt als Luxus und wurde im Sinne des heutigen Wellness praktiziert. Gelöst musste auch die Frage der menschlichen Bedürfnisse werden. Bei vielen Burgen sind noch an der Außenwand vorkragende Erker zu erkennen, die als Plumpsklos dienten. In den Räumen konnten Holzkästen aufgestellt werden, welche das Dienstpersonal von Zeit zu Zeit entleerte. Wegen der schlechten hygienischen Verhältnisse wurden Burgen von zahlreichem Ungeziefer heimgesucht, deshalb die Himmelbetten, welche die Schlafenden vor herabfallendem Ungeziefer schützen sollten. Auch das Mobiliar fiel eher bescheiden aus: Stühle, Hocker, Tische, Bänke, Truhen und Betten.

Einführung

Die Truhe diente vor allem der Aufbewahrung von Kleidungsstücken. Kästen kamen erst später auf und bestanden ursprünglich aus zwei übereinander gestellten Truhen. Bei zahlreichen Räumen sorgte eine Holztäfelung für ein angenehmeres Wohnen, da sie die Feuchtigkeit zurückhielt, die sich in den Wänden befand. In die Wände oder ins Getäfel waren kleine Vertiefungen für Geschirr, Flaschen, kleines Gerät etc. eingelassen. Für die Verköstigung mehrerer Personen stellte man Tischplatten auf ein Gestell und entfernte diese danach wieder. Daher kommt die Redewendung „die Tafel aufheben". Das Bett war meist kurz, da die Menschen eher in sitzender Haltung schliefen. Es herrschte die Anschauung, dass nur Tote liegen. Für bessergestellte Persönlichkeiten gab es das Kastenbett und das Himmelbett. Geld und Wertgegenstände legte man üblicherweise auf die obere Kante, was die Redewendung „auf die hohe Kante legen" hervorbrachte. Im Mittelalter überwog das Mehrpersonenbett, ein Einzelbett war nur dem Adel vorbehalten. Betten befanden sich meist erhöht im Raum und man musste „ins Bett steigen". Das Dienstpersonal schlief grundsätzlich auf dem Fußboden oder auf den Wandbänken. Zur Beleuchtung dienten Kienspäne und Fackeln sowie Wachskerzen und Öllampen, die jedoch ziemlich viel Ruß und Rauch verursachten. In größeren Räumen gab es mit Kerzen bestücke Radleuchter.

Die Küche bestand im Wesentlichen aus einem großen Kamin mit Rauchabzug und Ausgussstein ins Freie. Über dem offenen Feuer wurden große Kessel aufgehängt, Spieße dienten zum Braten von Fleisch. Der Kessel hing an einem mit Zacken oder Zähnen ausgestatteten Metallteil und konnte so höher oder tiefer gehängt werden. Sollte es beim Kochen schneller gehen, musste „ein Zahn zugelegt" werden. Teller, Schalen, Schüsseln und Löffel waren großteils aus Holz gefertigt, die Gabel fand kaum Verwendung. Viele Menschen trugen Löffel und Messer ständig in einem Futteral bei sich am Gürtel. Fleisch und Fisch wurden meist getrocknet oder mit Salz eingepökelt. Das Salz entzog Wasser und damit die Lebensgrundlage für Bakterien. Damit Fleisch und Fisch danach wieder Geschmack erlangten, mussten Gewürze beigegeben werden. Das Essen wurde beim Kochen nicht gesalzen, allerdings stand auf dem Tisch bei der Adelsfamilie und den vornehmen Gästen ein kleiner Salzbehälter. Je weiter jemand von diesem entfernt saß, desto geringer war sein Ansehen.

Burgen und ihre Funktionen

Manche Burgen wurden von den Territorialherren zur Sicherung des Landes errichtet, zahlreiche Burgen gehen aber auch auf die Ministerialen zurück, das waren niedere Adelige, die im Dienste der Landesfürsten standen. Sie erhielten vom Landesfürst Landbesitz, den sie mit Hilfe der Bauern bewirtschafteten und verteidigten – wobei den Landesherren manche Ministerialenwohnburg zu protzig und zu trotzig ausgefallen war, was immer

Die schönsten Tiroler Burgen & Schlösser

wieder zu Belagerungen und Zerstörungen, so genannten Schleifungen, führte.

Burgen erfüllten im Laufe der Geschichte mannigfaltige Aufgaben. So konnten sie wichtige Verkehrswege bewachen, denkt man etwa an das Inn-, das Etsch- und das Eisacktal. Engstellen, Taleinschnitte, Flüsse etc. konnten von den Burgen aus gut kontrolliert werden. Burgen waren oft Sitze der Gerichtsbarkeit, vertreten durch die Autorität eines Richters und eines Pflegers. Hier war der Gerichtsherr sicher, hier war auch das Gefängnis untergebracht. Auf Burgen wurden wichtige Schriftstücke und Geld verwahrt, in Burgen fand der Landesfürst Unterkunft und Burgen dienten als Stützpunkte für Jagdausflüge. Gerade zu diesem Zweck ließ etwa Erzherzog Sigmund der Münzreiche im 15. Jahrhundert zahlreiche Burgen bzw. Schlösser errichten oder umbauen, so etwa Sigmundskron bei Bozen, Sigmundslust bei Vomp, Sigmundsburg im Fernsteinsee und Sigmundsried im Oberinntal. Burgen sind aber auch Zeichen von Besitz, Reichtum und Macht und waren auch Zentren für Musik, Literatur und bildende Künste, denkt man etwa an den Minnesänger Oswald von Wolkenstein oder an die Ausgestaltung so mancher Burg mit literarischen Malereien, etwa auf Runkelstein bei Bozen, auf Lichtenberg im Vinschgau oder auf Schloss Rodenegg.

Zwischen den einzelnen Burgen bestand ein ausgeklügeltes Nachrichtensystem, die so genannten Kreidefeuer. Mit Hilfe von großen Feuern konnten Nachrichten rasch übermittelt werden. Deshalb lagen in den großen Haupttälern die Burgen in Sichtweite voneinander. Leider sind einige Burgen verschwunden, weshalb sich dieses System nicht mehr lückenlos an Ort und Stelle nachvollziehen lässt. Es gibt aber noch das so genannte „Verzeichnis der Kreidenfeuer in der Fürstlichen Grafschaft Tirol", in dem auch die einstigen Burgen genannt sind. Der Burgherr vertrat die landesfürstliche Autorität und versah oft auch das Richteramt. Bewaffnete sorgten für Ruhe und Ordnung unter der Bevölkerung und trieben die Steuern und Abgaben ein. Das einfache Volk, das zum Großteil aus Bauern bestand, musste für den Burgherrn Frondienste leisten. Auf Anordnung des Burgherrn hatten die Bauern zu jeder gewünschten Zeit ihre Höfe und Felder zu verlassen und Arbeiten für den Herrn zu verrichten: Bau von Straßen, Brücken, Häusern und Burgen, Soldatendienste u. a. Die noch zahlreich erhaltenen Ruinen zeugen von Streitigkeiten des Adels untereinander, von feindlichen Einfällen aus dem Ausland, aber auch von Verlegungen der Gerichtssitze in Dörfer und Städte.

Um 1500, in der Zeit Kaiser Maximilians I., vollzog sich der Wandel von der Burg zum Schloss. Ein schönes Beispiel dafür ist Schloss Tratzberg, das um 1500 durch einen Brand zerstört und dann als Schloss neu erbaut wurde, oder Schloss Wolfsthurn im Ridnauntal. Durch die Erzeugung immer besserer Geschütze verloren die Burgen ihre Bedeutung. Schlösser sind repräsentative Wohnbauten des Adels, auch wenn sie noch bis zur Mitte des 17. Jahrhunderts mit wehrhaften Bauelementen ausgestattet wurden. Als klar erkennbare Unterscheidungsmerkmale zwischen Burg und Schloss gelten beim Schloss der gesteigerte Wunsch nach bequemerem Wohnen und das größere Repräsentationsbedürfnis sowie die Regelmäßigkeit im Grundriss und in der Gliederung der Fassade, welche die

Landkarte des alten Tirol in Form des Tiroler Adlers mit den Wappen der Tiroler Städte von Matthias Burglechner aus dem Jahr 1620

Einführung

Die schönsten Tiroler Burgen & Schlösser

eher zusammenhangslos aneinandergefügten Bauteile der mittelalterlichen Burg ablösten.

Das große Vorbild für die meisten Barockschlösser ist Versailles bei Paris mit seiner Klarheit, Symmetrie und Regelmäßigkeit. Der Herrscher galt als Vertreter Gottes auf Erden, was sich in der Architektur widerspiegeln sollte. Er stand im Mittelpunkt, regierte absolut und sah sich für das Wohl seiner Untertanen, die innere Ordnung des Staates und den Schutz vor äußeren Feinden verantwortlich. Der Barockfürst wurde von Adel und Geistlichkeit unterstützt, die ihm möglichst nahe sein wollten. Ein Schloss wurde nach den Gesetzen der Geometrie und der Mathematik konstruiert. Bestehen Renaissanceschlösser noch häufig aus vier Flügeln, die einen Hof umgeben, entstand im barocken Frankreich die Dreiflügelanlage mit einem Ehrenhof. Barockschlösser zeigen Offenheit und greifen in das sie umgebende Land aus. Sie stehen meist in einem ausgedehnten Park und sind Zentrum eines weitläufigen Systems von Parkwegen, Alleen, Kanälen und Wasserläufen, die wie Sonnenstrahlen nach allen Richtungen verlaufen. Der barocke Mensch änderte die Natur nach seinen Vorstellungen um und machte sie sich untertan. Oberstes Gebot sind Ordnung, Symmetrie und Perspektive. So wie die Sonne das Zentrum des Kosmos' darstellt, so stand der Herrscher im Mittelpunkt seines Reiches. Dem Bedürfnis nach Symmetrie entspricht die lange Flucht von Räumen, die so genannte Enfilade, wobei jeder Raum nur über den anderen zu erreichen war. Das Zeremoniell bestimmte auch die Anordnung und Nutzung der Räume, die häufig von der Mitte des Schlosses links und rechts spiegelbildlich angelegt sind. Dazu gehören Festsaal, Vorzimmer, Audienzzimmer, Schlafzimmer, Umkleidezimmer, Speisezimmer, Galerie, Salon etc.

Im 16. Jahrhundert entstanden Festungen mit breiten Erdwällen, welche den neuen Waffen standhalten konnten. Vorbilder ließen sich in Norditalien finden. In Tirol ist davon nur noch die Festung Kufstein gut erhalten, die anderen wurden unter Kaiser Joseph II. aufgelassen und verfielen, etwa Festung Ehrenberg am südlichen Rand des Beckens von Reutte, die Mühlbacher oder die Lienzer Klause. Festungen sind meist breit angelegt und niedrig, haben Rundtürme (Rondelle) und vieleckige Verteidigungsanlagen. Vorrangig waren eine genaue Berechnung der Geschossbahnen von Kanonen und eine geringe Angriffsfläche für die Feinde. Möglichst wenige Soldaten sollten eine Festung gegen eine große Übermacht leicht verteidigen können.

Ab der Renaissance entstanden kleinere Ansitze. Diese dienten oft als bequeme Wohnbauten der Hofbeamten. Als Beispiel sei hier Aschach bei Volders angeführt, aber gerade in Südtirol gibt es sowohl in den Städten als auch auf dem Land zahlreiche solcher Bauten.

Heute ist es ein wichtiges Anliegen des Denkmalschutzes, die noch erhaltenen Burgen, Schlösser, Ansitze und Ruinen zu bewahren, zu restaurieren und mit Leben zu erfüllen. In Nord- und Südtirol hat die öffentliche Hand zu diesem Zweck viel Geld eingesetzt und zuletzt auch viele Ruinen vor dem weiteren Verfall bewahrt. Andere Objekte befinden sich in Privatbesitz und die Besitzer bringen oft große finanzielle Opfer zu ihrer Erhaltung, etwa die Familie Goess-Enzenberg für Schloss Tratzberg oder die Familie Trapp für Schloss Friedberg und die Churburg. Das Bewusstsein, dass die Burgen und Schlösser ein bedeutendes kulturelles Erbe darstellen, hat sich in allen Teilen der Bevölkerung durchgesetzt und auch unser bescheidener Führer will diese Wertschätzung fördern.

Einführung

Der Ansitz Aschach bei Volders, erbaut um 1580 vom Hofkämmerer Ernst von Rauchenberg

1	**Kloster Marienberg**	
	Mals	
2	**Glurns**	
	Glurns	
3	**Mals**	
	Mals	
4	**Churburg**	
	Schluderns	
5	**Schloss Juval**	
	Kastelbell	
6	**Schloss Kastelbell**	
	Kastelbell	

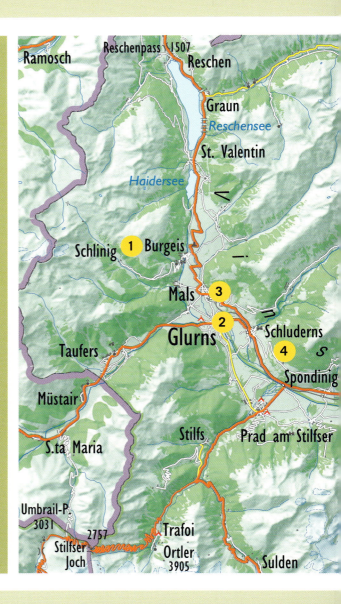

Südtirol
Vinschgau

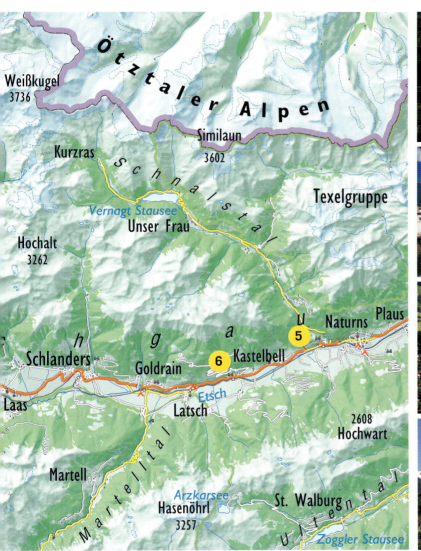

1 Kloster Marienberg
Ein Ort der Kunst und der Besinnung

Benediktinerabtei Marienberg
Schlinig 1; I-39024 Mals,
Tel. +39 0473 831306
www.marienberg.it

Lage
Am Watleshang oberhalb von Burgeis.

Anfahrt
Von Meran (60 km) oder Reschenpass (20 km) auf der Vinschgauer Staatsstraße über Mals nach Burgeis, ca. 60 km.

Öffnungszeiten Museum
Ostern–Anfang November
Montag–Samstag 10–17 Uhr,
Mitte Dezember–Ostern
Montag–Samstag 13–16 Uhr,
Krypta zum Gebet 1.5.–31.10.
Montag–Samstag 17.30 Uhr.
Fotografieren ist nicht erlaubt.

Was uns erwartet
Die Benediktinerabtei Marienberg ist aufgrund ihrer exponierten Lage über dem Dorf Burgeis und ihrer imposanten Größe das beherrschende Bauwerk des Obervinschgaus – wer von Meran her Richtung Reschenpass unterwegs ist, erkennt von weitem den mächtigen weißen Bau, der den Stellenwert des Glaubens geradezu symbolhaft zum Ausdruck bringt. Marienberg ist ein Ort von herausragender kunsthistorischer Bedeutung, die acht Jahrhunderte alten Fresken der Krypta gehören zu den bedeutenden romanischen Kunstdenkmälern im Alpenraum und sind ein spirituelles Meisterwerk ersten Ranges. Dass wir sie heute wieder bewundern können, ist einem Zufall zu verdanken, denn erst Ende des 19. Jahrhunderts wurden sie wiederentdeckt und 1980 beim Abbruch alter Grufteinbauten vollständig freigelegt. Trotz seiner Kunstschätze ist Marienberg nicht nur eine Sehenswürdigkeit, sondern auch ein Ort der Besinnung, des Innehaltens. Seit 2007 präsentiert ein Museum auf 300 m² Ausstellungsfläche alles Wissenswerte über die Geschichte und die Kunstschätze des Klosters.

Aus der Geschichte
Die Abtei geht auf das 12. Jahrhundert zurück, sie ist eine Stiftung der Engadiner Herren von Tarasp; die ersten Mönche allerdings kamen aus Bayern, entsandt vom Kloster Ottobeuren. Mit ihnen beginnt auch die Baugeschichte des Klosters: 1160 wurde die Krypta eingeweiht, etwa vier Jahrzehnte später die Klosterkirche. Wie viele Klöster blickt auch Marienberg auf eine bewegte Geschichte von Aufstieg,

Südtirol
Vinschgau

Rückschlägen, kriegerischen Auseinandersetzungen mit benachbarten Potentaten, Zerstörung und Wiederaufstieg zurück. Goswin, der Chronist des Klosters, hat diese Entwicklung bis zum Ende des 14. Jahrhunderts in seiner Chronik des Klosters Marienberg aufgezeichnet und damit eine wichtige Quelle der lokalen Geschichte des Vinschgaus geschaffen. Neben ihrer Sendung, das Gotteslob zu pflegen, waren die Marienberger Mönche auch als Seelsorger und Lehrer tätig. Sie führten über 200 Jahre ein Gymnasium in Meran und später eine private Klosterschule in Marienberg. Aufgrund seiner Bedeutung für das Gemeinwohl überstand Marienberg die josephinischen Reformen weitgehend unbeschadet, unter der bayerischen Verwaltung jedoch wurde das Kloster 1807 aufgehoben, sein Besitz verschleudert. Erst 1816, nach dem Wiener Kongress, wurde das Stift wiedererrichtet und der Lehrbetrieb am Meraner Gymnasium wieder aufgenommen.

Erreichbarkeit
Parkplätze 100 m vor dem Kloster. Wanderer erreichen das Ziel auf dem Fußweg ab Burgeis in 20 Minuten.

Sehenswertes in der Umgebung
Burgeis lohnt einen Spaziergang; es ist ein malerisches rätisches Bergdorf. Wenig außerhalb des Ortes erhebt sich die Fürstenburg, ein von einem Wehrturm überragter Bau aus dem 13. Jahrhundert, der vor wenigen Jahren auf bemerkenswerte Weise renoviert wurde und heute die Landwirtschaftsschule beherbergt.

Was man sehen muss
– die Krypta mit den romanischen Fresken (nur zur abendlichen Gebetszeit)
– die Mitte des 17. Jahrhunderts barockisierte dreischiffige Basilika
– das romanische Kirchenportal
– das Museum
– den Klosterladen mit Büchern über Marienberg; daneben Vinschgauer Kunsthandwerk und Erzeugnisse der lokalen Landwirtschaft

Romanische Fresken der Krypta

2 Glurns
Idyllisches Bauernstadtl in wehrhaftem Gewand

Tourismusbüro Glurns
Rathausplatz 1
I-39020 Glurns
Tel. +39 0473 831097
www.ferienregion-obervinschgau.it

Lage
Glurns liegt an der Etsch innerhalb einer nahezu vollständig erhaltenen Stadtmauer, knapp 3 km westlich von Schluderns im Obervinschgau.

Anfahrt
Von Meran auf der Vinschgauer Staatsstraße über Schluderns, ca. 54 km.

TIPP

**Erlebnisstadtführung Glurns
Führung St.-Jakobs-Kirche
Ausstellung im Kirchtor-Turm**
Erleben Sie außergewöhnliche Führungen im mittelalterlichen Städtchen im Obervinschgau

Ferienregion Obervinschgau
Tourismusbüro Glurns
Tel. +39 0473 831097
www.ferienregion-obervinschgau.it

Was uns erwartet

Glurns kann nicht nur das Prädikat für sich in Anspruch nehmen, die kleinste Stadt in Südtirol zu sein, sondern es ist auch die wohl besterhaltene – ein von einer hohen, zumeist begehbaren Stadtmauer umschlossenes Renaissanceensemble aus bescheidenen Bürger- und Bauernhäusern. Dabei ist das Städtchen keineswegs ein musealer Anachronismus, sondern ein lebendiges Gemeinwesen. Die freie Lage inmitten von Feldern und Wiesen, abseits des Durchgangsverkehrs zum Reschen und am Ufer der jungen Etsch, ist für die Glurnser heutzutage ein Segen. Aber das war nicht immer so …

Aus der Geschichte

Die Gründung der Stadt geht auf Meinhard II. zurück, der sie als Bastion gegen den Machtanspruch der Churer Bischöfe ausersehen hatte. Zwar florierte der Ort als Handelsplatz, seiner ihm zugedachten strategischen Bedeutung konnte er allerdings nicht genügen: Im Engadinerkrieg wurde er 1499 von den Eidgenossen überrannt und zerstört. Danach, Anfang des 16. Jahrhunderts, erhielt Glurns im Zuge des Wiederaufbaus seine heutige Gestalt.

Erreichbarkeit

Drei Tore führen in die Stadt, gleich hinter dem östlichen besteht eine großzügige Parkmöglichkeit. Alles Übrige bleibt den Füßen vorbehalten, aber die Entfernungen sind gering und der Spaziergang zwischen den schmucken Anwesen und durch die Laubengänge ist kurzweilig.

Sehenswertes in der Umgebung

Wer das Glück hat, am 2. November in Glurns zu sein, der wird sich über den Allerseelenmarkt freuen, der in der ganzen Stadt stattfindet. Alle anderen Besucher können sich mit Ausflügen in die sehenswerten Obervinschger Nachbarorte trösten.

3 Mals
Aussichten und Einblicke am „Oberen Weg"

Südtirol
Vinschgau

Tourismusbüro Mals
St.-Benedikt-Straße 1,
I-39024 Mals
Tel. +39 0473 831190
www.ferienregion-obervinschgau.it

Lage
Mals liegt am Fuß der Malser Haide an der alten Handelsroute des so genannten Oberen Weges.

Anfahrt
Von Meran auf der Vinschgauer Staatsstraße, ca. 57 km; oder mit der Vinschgerbahn von Meran durch den Vinschgau in etwa 1¼ Std., ca. 60 km.

Was uns erwartet

Mals, das ist zuallererst der Eindruck von Weite: Der Ort liegt frei über dem weiten Talboden des Obervinschgaus, zu Füßen des riesigen Schuttkegels der Malser Haide und gegenüber der Ortlergruppe. Ein gutes halbes Dutzend Ansitze zeugt von einem gewissen Wohlstand; dass es sich um einen weitgehend vergangenen handelt, der hier zu einem malerischen Ortsbild geronnen ist, dafür ist die Fröhlichsburg ein Beispiel, eine Anlage aus dem 12. Jahrhundert, in späterer Zeit Gerichtssitz. Von ihr steht noch der mächtige Bergfried, der „Fröhlichsturm", 33 m hoch, ein imposantes Wahrzeichen des Ortes.

Aus der Geschichte

Wenngleich Mals 1194 erstmals urkundlich erwähnt wird, ist die Gegend ungleich älteres Siedlungsgebiet. Ohne Zweifel haben sich bereits die Römer hier aufgehalten. Dem „Oberen Weg", dem alten Handelsweg von Oberitalien ins Schwäbische, verdankte der Ort sein gedeihliches Auskommen: Mals, das einmal den Beinamen „Siebenkirchen" geführt hat, wird nicht arm gewesen sein, denn Kirchen werden, wie man weiß, nicht nur mit Fleiß, sondern auch mit Geld gebaut. Die bedeutendste dieser Kirchen ist St. Benedikt, ein Kleinod mit karolingischem Freskenschmuck.

Erreichbarkeit

Parkgelegenheiten finden sich im gesamten Dorf. Ans Herz zu legen ist den Besuchern aber auch die Anreise mit der 2005 wieder in Betrieb genommenen Vinschgerbahn von Meran her. Vom Bahnhof in den Ort ist es ein Spaziergang von gerade einmal einer Viertelstunde.

Sehenswertes in der Umgebung

Es gibt in der Nähe noch drei erhaltene Waale (traditionelle Bewässerungskanäle), an denen entlang es sich zu wandern lohnt.

TIPP

Dorf- u. Nachtführungen Mals Besichtigung Fröhlichsturm

Die Dorf- und Nachtführungen in Mals sowie die Besichtigung des Fröhlichsturmes finden in den Sommermonaten (Juni bis August) statt. Für Gruppen jederzeit auf Anfrage möglich.

*Ferienregion Obervinschgau
Tourismusbüro Mals
Tel. +39 0473 831190
Frau Dietl Laganda
Mobil: +39 347 5829015
www.ferienregion-obervinschgau.it*

4 Churburg
Rundgang durch drei Epochen des Burgenbaus

Churburg
I-39020 Schluderns
Tel. +39 0473 615241
www.churburg.com

Lage
Die Churburg thront weithin sichtbar auf einem Bergsporn über dem Eingang zum Matscher Tal und über Schluderns.

Anfahrt
Von Meran auf der Vinschgauer Staatsstraße über Schluderns, ca. 52 km.

Öffnungszeiten
20.3.–31.10. täglich außer montags (Feiertage ausgenommen) 10–12 und 14–16.30 Uhr.

Was uns erwartet
Die Churburg gilt nicht nur als die am besten erhaltene der zahlreichen Südtiroler Burgen, sondern auch als die meistbesuchte. Der auf das Hochmittelalter zurückreichende Komplex bietet dem Besucher interessante Einblicke in die Burgenarchitektur mehrerer Epochen – romanische und gotische Gebäudeteile gruppieren sich mit solchen aus der Zeit der Renaissance zu einem beeindruckenden Ensemble. Berühmt ist die Burg zudem für ihre Rüstkammer, die größte in Privatbesitz weltweit, in der mehr als 50 hervorragend erhaltene Ritterrüstungen ausgestellt sind – eine „Eisengarderobe" von Weltrang! Ein weiterer Höhepunkt bei der Besichtigung ist der Arkadengang, ein reich ausgemaltes Renaissancegewölbe, das auf 16 Säulen aus Laaser Marmor ruht. Beinahe kurios mutet die Geschichte der um 1580 entstandenen Ausmalung an, denn jahrhundertelang war deren Pracht unter einer Kalktünche vollständig verborgen, bis um 1910 mit der Freilegung begonnen wurde. Seit 1990 wurde der Arkadengang dann von Grund auf saniert, und heute präsentiert er sich wieder in seinem ursprünglichen Zustand.
Noch hat man längst nicht alles gesehen, was die Churburg an historischen Schätzen zu bieten hat. Vom Arkadengang geht es durch eine reich verzierte Tür ins Jakobszimmer aus dem 16. Jahrhundert mit seiner geschnitzten Kassettendecke, man

Südtirol
Vinschgau

durchschreitet nun einen großzügigen Repräsentationsraum, den Matscher Saal mit der Ahnengalerie, ehe man zur Jakobskapelle, einem Werk der Renaissance, gelangt. Sie, und nicht die romanische alte Burgkapelle mit ihrer Madonnenskulptur von 1270, ist heute die Hauskapelle der Familie.

Aus der Geschichte
Auseinandersetzungen um Einfluss und territoriale Vorherrschaft standen an der Wiege vieler Burgen. Im Fall der Churburg ist dies keineswegs anders, und ihre Erbauung geht auf einen Schiedsspruch zurück, der es dem Churer Bischof Heinrich IV. von Montfort erlaubte, *„an einem gefelligen Orth … von Cleven bis gegen Latsch … Schlosz oder Vestung frey unverhinderlich zw bawen"* und so dem Machtstreben der nahen Matscher Vögte einen Riegel vorzuschieben. Der Gottesmann machte das Beste aus seinen Möglichkeiten, wie man sieht …

Erreichbarkeit
Parkmöglichkeiten befinden sich in unmittelbarer Nähe der Churburg.

Sehenswertes in der Umgebung
Direkt an der Churburg beginnt ein Wanderweg ins Matscher Tal, durch Wald und sogar ein Stück an einem Waal entlang, zu den Ruinen von Ober- und Untermatsch. (Dauer für Hin- und Rückweg: etwa 2½ Stunden) In Schluderns lohnt der Besuch des Vintschger Museums. Hier geht es u. a. um die kleinbäuerliche Welt und ihre reichen Facetten; aufs „Wasserwosser" etwa wird der Blick gerichtet, auf die Sorge ums Überleben – ein instruktiver Kontrapunkt zur feudalen Pracht der Churburg.

Was man sehen muss
- den Arkadenhof
- die Rüstkammer
- die Jakobskapelle
- die alte Burgkapelle
- den Matscher Saal
- die Bibliothek
- das Jakobszimmer
- die Landsknechtstube
- die Wohnräume

Arkadengang und Rüstkammer

5 Schloss Juval
Visionärer Geist in alten Mauern

Messner Mountain Museum Juval
Schloss Juval
I-39020 Kastelbell
Tel. +39 348 4433871
www.messner-mountain-museum.it

Lage
Auf einem Felsvorsprung über dem Eingang des Schnalstals.

Anfahrt
Von Meran nach Naturns, Fraktion Staben, ca. 20 km. Parkmöglichkeit in Staben, dort täglich ab 9.30 Uhr Shuttle-Bus ab Parkplatz Juval. Im Juli und August kein Bustransfer.

Öffnungszeiten
Palmsonntag–30.6. und 1.9.–Anfang November täglich 10–16 Uhr, Mittwoch Ruhetag.

Was uns erwartet
Eindrucksvoll thront Schloss Juval über dem Eingang ins Schnalstal. Doch weniger seine Lage ist es, die Besucher anlockt, sondern die Verwirklichung einer Utopie: Das Damoklesschwert, zur malerischen Ruine zu verkommen, schwebte lange über Juval. In den Händen von Reinhold Messner, der es 1983 erwarb und fortan restaurierte, bewohnbar machte und letztlich in ein Museum verwandelte, erwachte der Ort zu neuem Leben. Juval ist heute ein Teil des „Messner-Mountain-Museum"-Projekts, die Exponate sind den „heiligen Bergen" gewidmet und machen den „Mythos Berg" zum Thema. Bekannt ist Juval für seine sehr reiche Sammlung von Tibetika, seine Bergbild-Galerie und eine Maskensammlung.

Eine Besichtigung wert ist allerdings auch der Bau selbst, mit Fresken von Bartlmä Dill Riemenschneider und der Hauskapelle; sogar einige Privaträume sind zugänglich. Die Schlosswirtschaft und das nahe Weingut tragen ein Übriges dazu bei, den Juvaler Burghügel zu einem gelungenen Beispiel für das funktionierende Nebeneinander von touristischem Angebot und nachhaltigem Wirtschaften zu machen.

Aus der Geschichte
Schloss Juval blickt auf eine bewegte Geschichte zurück. Mitte des 13. Jahrhunderts wurde es vom Geschlecht derer von Montalban erbaut, wechselte allerdings in der Folgezeit mehrmals die Besitzer. Die Starkenberg, Sinkmoser und Hendl

Südtirol
Vinschgau

verleiben es nacheinander ihrem Immobilienvermögen ein, bis es 1813 in bäuerlichen Besitz übergeht – und zu verfallen beginnt. Kurz vor dem Ersten Weltkrieg erwirbt ein wohlhabender Niederländer das nun bereits baufällige Areal und bewahrt es durch aufwendige Sanierungsanstrengungen vor dem endgültigen Verfall. Als Reinhold Messner Juval 1983 erwirbt, trägt es aber bereits wieder das Etikett „Halbruine". Doch nun zeigt sich, was es neben erheblichen Finanzmitteln und guten Absichten noch braucht, um ein Baudenkmal „am Leben" zu erhalten: Kreativität und eine Vorstellung davon, was und wie etwas werden soll – eine Vision. Burgen ohne Bestimmung verkommen sonst zur bloßen steinernen Kulisse. 1983 also beginnt die Geschichte der Burg neu, ihre Geschichte als Wohngebäude und bald auch als Museum; die behutsame Restaurierung gelingt, Juval blüht auf.

Erreichbarkeit
Am bequemsten erreicht man Juval vom Parkplatz an der Staatsstraße per Shuttle-Bus. Doch man kann auch einen der Wanderwege wählen, die in knapp einer Stunde nach Juval hinaufführen.

Sehenswertes in der Umgebung
In der nahen Schlosswirtschaft kann man, verköstigt mit hofeigenen Produkten, die Eindrücke des Tages nachklingen lassen.
Kunsthistorisch Interessierten ist in Naturns der Besuch der St.-Prokulus-Kirche mit ihren karolingischen Fresken empfohlen.

Was man sehen muss
- die Bergbilder-Galerie
- die Tibetika-Sammlung
- die Sammlung von Masken aus fünf Kontinenten
- die Innenhöfe mit Himalaja-Zedern
- den botanischen Rundgang
- den Schlosswirt
- das Weingut Unterortl

Das wiedererblühte Juval über der Schlosswirtschaft

6 Schloss Kastelbell
Trutziger Koloss im neuen Glanz

Schloss Kastelbell
Kuratorium Schloss Kastelbell
Schlossweg 1
I-39020 Kastelbell-Tschars
Tel. +39 0473 624193
www.schloss-kastelbell.com

Lage
Auf einem Felsen unmittelbar an der Vinschgauer Straße.

Anfahrt
Von Meran auf der Vinschgauer Straße zum Bahnhof Kastelbell, jenseits der Etsch, ca. 24 km; oder mit der Vinschgerbahn von Meran durch den Vinschgau in einer knappen Std., ca. 26 km.

Öffnungszeiten
April bis Oktober; Führungen von Juni bis September Mittwoch bis Sonntag. Events: Kunstausstellungen, klassische Konzerte.
Info: www.schloss-kastelbell.com.

TIPP

Marinushof
Urlaub am Bauernhof
Weine Destillate

Moderner Hof mit zwei eleganten Ferienwohnungen mit Naturmaterialien, moderner Technik und klaren Linien, nur 400 Meter vom Schloss Kastelbell entfernt. Hauseigene Brennerei mit Edelbränden.

Alte Straße 9/B
I-39020 Kastelbell
Tel. +39 0473 624902
www.marinushof.it
Ganzjährig geöffnet 10–18 Uhr
Sonntag Ruhetag

Was uns erwartet

Schloss Kastelbell am Fuß des Vinschgauer Sonnenbergs thront exponiert auf einem Felsen über der Durchgangsstraße zum Reschen. Es steht beispielhaft für den Übergang von der wehrhaften Burg zum repräsentativen Schloss. Seit der jüngsten Instandsetzung präsentiert die Anlage eine kunsthistorisch wertvolle Ausstattung, so etwa die Kapelle, die ihren Ursprung in der Erbauungszeit der Burg hat und Reste romanischer Fresken aufweist. Hauptwohnbau war der mit Schwalbenschwanzzinnen bekrönte Palas. Sehenswert sind neben restaurierten Sälen im Palas auch die „alte" Küche, der Innenhof sowie die Dauerausstellung „Via Claudia Augusta".

Aus der Geschichte

Vor der Mitte des 13. Jahrhunderts von den Herren von Montalban erbaut, fiel das Schloss bald den Landesherren, den Grafen von Tirol zu, später den Grafen Hendl – die seinem weitgehenden Verfall zusehen mussten. Zwei Brände Anfang des 19. Jahrhunderts hatten den Bau zerstört, und nur ein kleiner Teil war zu Wohnzwecken wieder aufgebaut, als ihn der italienische Staat 1956 übernahm. Zwischen 1987 und 1995 erfolgte eine Sanierung von Grund auf. Ende 2008 wurde das Eigentum der Autonomen Provinz Bozen übertragen. Die Verwaltung übernahm das Kuratorium. Das Schloss ist heute für Besichtigungen zugänglich und hat seine Bestimmung als Ort für niveauvolle kulturelle Veranstaltungen gefunden.

Erreichbarkeit

Man erreicht das Schloss vom Bahnhof Kastelbell über die Etsch zu Fuß in 5 Minuten.

Sehenswertes in der Umgebung

Am Waalweg kann man in 1½ Stunden nach Tschars und in 2 Stunden nach Juval wandern.

Südtirol
Vinschgau

7 **Schloss Tirol**
Dorf Tirol

8 **Brunnenburg**
Dorf Tirol

9 **Lebenberg**
Tscherms

10 **Schloss Schenna**
Schenna

11 **Trauttmansdorff**
Meran

12 **Unterkasatsch – Pfeffersburg**
Tisens/Prissian

Südtirol
Meran und Umgebung

7 Schloss Tirol
Weite Blicke über das Land und in seine Geschichte

**Südtiroler Landesmuseum
Schloss Tirol**
Schlossweg 24
I-39019 Dorf Tirol
Tel. +39 0473 220221
www.schlosstirol.it

Lage
Auf einem Moränenrücken unterhalb der Mutspitze.

Anfahrt
Von Meran nach Dorf Tirol, ca. 2½ km, hier parken.

Öffnungszeiten
13.3.–29.11. 10–17 Uhr
(1.–31.8. bis 18 Uhr), Montag Ruhetag (außer an Feiertagen).

Was uns erwartet
Schloss Tirol ist ein Bauwerk von großer landesgeschichtlicher Bedeutung, hier steht die „Wiege des Landes". Von unschätzbarem Wert ist die Ausstattung – die Kapelle mit ihrem romanischen Freskenschmuck und der frühgotischen Kreuzigungsgruppe, die Loggia mit ihren romanischen Rundbogenfenstern, die Marmorportale am Eingang zum Palas.
Das Glanzstück aber ist wohl der Ort selbst, an dem sich dieser Bau erhebt: Frei geht der Blick nach Süden über Meran das Etschtal hinab und weit hinauf nach Westen in den Vinschgau. Von hier aus hatten die Grafen von Tirol ihre Untertanen ebenso gut im Blick wie ihre Widersacher, die Eppaner Grafen unterhalb des markanten Gantkofelabsturzes – hier wird deutlich, was es bedeutet, wenn von einer „stategisch günstigen Lage" die Rede ist.
Seit 2003 beherbergt Schloss Tirol das Landesmuseum für Kultur- und Landesgeschichte; im Bergfried ist die Ausstellung zur Landesgeschichte im 20. Jahrhundert untergebracht.

Aus der Geschichte
Das Schloss entsteht Anfang des 12. Jahrhunderts im Auftrag der Vinschgauer Grafen, die sich künftig „von Tirol" nennen. Damals beginnt die große Zeit des Schlosses, Meinhard II. regiert von hier aus seine „Gefürstete Grafschaft Tirol". Die Macht der Grafen von Görz-Tirol jedoch ist nicht von Dauer, bereits

Südtirol
Meran und Umgebung

Meinhards Enkelin Margarete, genannt die „Maultasch", übergibt 1363 das Land an die Habsburger, zu deren Österreichischen Erblanden es mit einer kurzen Unterbrechung bis zum Ende des Ersten Weltkrieges gehören wird. Die Tiroler Grafen kehren ihrem Stammschloss den Rücken, 1420 verlegen sie ihre Residenz nach Innsbruck. Der Niedergang von Schloss Tirol beginnt. Ende des 16. Jahrhunderts wird der einst so stolze Bau mehr bewacht denn bewohnt – von einem Kaplan, einem Förster und einem Burgwart. Bald darauf, in der ersten Hälfte des 17. Jahrhunderts, sollte es noch schlimmer kommen: Das Schloss steht auf unsicherem Grund, nämlich auf Moränenschutt. Aus Furcht vor dem Abstürzen weiterer Gebäudeteile entschloss man sich zum Abriss des gesamten Nordostteils, möglicherweise auch zum Abtragen des Bergfrieds. 1807 versteigern die bayerischen Besatzer, wohl um die Bevölkerung zu demoralisieren, für eine geringe Summe den Bau, der mutmaßlich nur noch ein Schatten seines einstigen Glanzes ist. 1816 erwirbt die Stadt Meran das Schloss, nach dem Ersten Weltkrieg übernimmt es der italienische Staat, und nun erst bemüht man sich verstärkt um die Erhaltung.

Erreichbarkeit
Vom Parkplatz in Dorf Tirol gelangt man zu Fuß in ca. 20 Minuten zum Schloss.

Sehenswertes in der Umgebung
Ein kunsthistorisches Kleinod ist die nahegelegene Kirche St. Peter in Gratsch aus karolingischer Zeit; die Malereien in der Apsis sind ein Werk des 11. Jahrhunderts.

Was man sehen muss
- die Kapelle mit der ältesten Darstellung des Tiroler Adlers
- die Krypta
- die Marmorportale des Palas
- die Rundbogenfenster der Loggia vor dem Palaseingang
- das moderne Museum zur Landesgeschichte
- die Aussicht über Meran und das Etschtal

Schloss Tirol, Bergfried

Blick über Meran nach Süden

TIPP

Soireen im Schloss Tirol

Die Soireen auf Schloss Tirol finden in den Monaten Juni und Juli statt: sie zählen zu den beliebtesten Sommerveranstaltungen in Südtirol. Die Darbietungen musikalischer Werke aus der Zeit des Mittelalters und der Renaissance, ein reichhaltiges historisches Rahmenprogramm und die eindrucksvolle Kulisse von Schloss Tirol lassen dabei eine ritterliche Burg-Romantik aufleben.

Schlossweg 24
I-39019 Dorf Tirol
Tel. +39 0473 220221
www.schlosstirol.it

8 Brunnenburg
Uralte Mauern in neugotischer Verkleidung

Landwirtschaftsmuseum Brunnenburg
Ezra-Pound-Weg 3
I-39019 Dorf Tirol
Tel. +39 0473 923533
www.brunnenburg.net

Lage
Auf einem Moränenschuttkegel über dem „Köstengraben" zwischen Dorf und Schloss Tirol.

Anfahrt
Von Meran nach Dorf Tirol, ca. 2 ½ km, hier parken.

Öffnungszeiten
Ostern–Allerheiligen täglich außer Freitag und Samstag 9.30–17 Uhr.

Was uns erwartet
Die Brunnenburg ist ein malerisches Fotomotiv unterhalb des die Szenerie beherrschenden Schlosses Tirol. Sie geht auf die Renovierung einer mittelalterlichen Burgruine zurück, die Anfang des 20. Jahrhunderts im neugotischen Stil erfolgte. Heute beherbergt sie ein landwirtschaftliches Museum, das der Besitzer in den siebziger Jahren des letzten Jahrhunderts eingerichtet hat, sowie eine Schau seltener Haustierrassen.

Aus der Geschichte
Erbaut wurde die Brunnenburg wohl Mitte des 13. Jahrhunderts. Vom 15. bis zum 19. Jahrhundert war sie im Besitz der Herren von Kripp, doch bereits seit dem 16. Jahrhundert wird von ihrem Verfall berichtet.
1904, nun im Besitz des Karl Schwicker, erhielt sie im Zuge einer Kombination aus Wiederaufbau und Renovierung ihre heutige Gestalt als Kuriosum des Historismus. Unter Kunsthistorikern gehört es zum guten Ton, die überladene Ansammlung von Zinnen, Erkern und Türmchen zu beklagen – doch dabei wird übersehen, dass die Anlage gerade dadurch auch Zeugin einer bestimmten Kunst- und Architekturauffassung ist. Jedenfalls hielt das Erscheinungsbild die Tochter des amerikanischen Dichters Ezra Pound und ihren Ehemann nicht davon ab, den Bau 1955 zu erwerben.

Erreichbarkeit
Vom Parkplatz in Dorf Tirol folgt man der Beschilderung zum Schloss Tirol, bis links der steile Pfad zur Brunnenburg abzweigt (¼ Stunde).

Sehenswertes in der Umgebung
Allen, die ihn noch nicht unternommen haben, ist natürlich der Besuch von Schloss Tirol ans Herz zu legen.

9 Lebenberg
Mittelalter und Barock am Marlinger Waalweg

Südtirol
Meran und Umgebung

Schloss Lebenberg
Lebenberger Straße 15
I-39010 Tscherms
Tel. +39 0473 561425

Lage
Am oberen Rand der Weinberge am Marlinger Berg.

Anfahrt
Von Meran über Marling nach Tscherms, ca. 6 km (Parkmöglichkeiten, auch direkt am Schloss).

Öffnungszeiten
März–Oktober
Montag–Samstag 10.30–12.30, 14–16.30 Uhr.

Was uns erwartet
Aus dem Etschtal ist die ausgedehnte, nach wie vor bewohnte Anlage von Schloss Lebenberg vor allem wegen ihres mächtigen, 24 m hohen Bergfrieds schon von weitem zu erkennen. Malerisch erhebt sie sich über den Rebhängen. Die Räumlichkeiten sind komplett stilgerecht eingerichtet. Besonders sehenswert sind die Burgkapelle, der Rittersaal und der Rokoko-Spiegelsaal, sehr reizvoll ist auch der Burggarten im barocken Stil.

Aus der Geschichte
Lebenberg, erbaut von den Herren von Marling, einem Tiroler Ministerialengeschlecht, geht in einigen zentralen Bauteilen auf das 13. Jahrhundert zurück. Am ursprünglichen Grundriss haben die im 15. Jahrhundert vorgenommenen Umbauten wenig geändert. Nach dem Aussterben der Marlinger erhält die Familie der Fuchs von Fuchsberg die Burg als Lehen. Ein einmaliger 10 m² großer in Öl gemalter Figurenstammbaum dokumentiert das Herkommen der Familie – ausgestorben ist sie dennoch, nämlich im Jahr 1828.

Erreichbarkeit
Lebenberg ist dank seiner freien Lage am oberen Rand der Weinberge von weitem sichtbar. Vom Ortszentrum in Tscherms erreicht man es auf leicht ansteigendem Weg in etwa ½ Stunde.

Sehenswertes in der Umgebung
Auf dem Marlinger Waalweg bleibt einem die Entscheidung nicht erspart: nach Marling oder nach Lana? In beiden Fällen genießt man eine bequeme, fast ebene Wanderung am Fuß des Vigiljochs mit freien Ausblicken über das Etschtal.

TIPP

Restaurant Café
Romantik Hotel Oberwirt

Am sonnigen Südwesthang oberhalb von Meran finden Sie das Hotel, eines der schönsten Häuser im Burggrafenamt. Dabei ist die heimelige Atmosphäre ebenso charakteristisch wie die zeitgemäße luxuriöse Ausstattung und die besonders freundliche und kompetente Betreuung.

St.-Felix-Weg 2
I-39020 Marling bei Meran
Tel. +39 0473 222020
www.oberwirt.com
Geöffnet vom 15. März bis 15. November
Kein Ruhetag

10 Schloss Schenna
Zu Gast im Refugium von Erzherzog Johann

Schloss Schenna
Schlossweg 14
I-39017 Schenna bei Meran
Tel. +39 0473 945630
www.schloss-schenna.com

Lage
Das Schloss steht im Zentrum von Schenna.

Anfahrt
Von Meran nach Schenna, ca. 3 km.

Öffnungszeiten
Geöffnet von der Karwoche bis Allerheiligen.
Schlossführungen täglich jeweils um 10.30, 11.30, 14 und 15 Uhr. Sonntag Ruhetag.

Was uns erwartet
Die Herrschenden zogen es für gewöhnlich vor, sich nicht unter ihre Untertanen zu mischen, und so stehen viele der Burgen außerhalb der Ortschaften und Städte – Überblick war gefragt. In Schenna jedoch ist das anders: Auf einer kleinen Anhöhe in unmittelbarer Nähe des Dorfzentrums erhebt sich das wuchtige, verschachtelte und etwas nüchtern wirkende Schloss, in dessen Innerem dieser Eindruck jedoch sogleich verfliegt. Die zahlreichen für eine Besichtigung offenstehenden Räume sind durchaus prunkvoll in ihrer Ausstattung und Einrichtung. Wertvolle Kassettendecken und Holzvertäfelungen zieren die Räume, ein Fayence-Ofen fällt ins Auge.

Neben einer umfangreichen Gemäldesammlung mit Landschaftsbildern und zahlreichen Porträts von Mitgliedern des Hauses Habsburg, die auf Erzherzog Johann zurückgeht, und einer Ausstellung historischer Waffen beherbergt das Schloss auch die größte Andreas-Hofer-Sammlung.

Aus der Geschichte
Der Bau geht auf Petermann von Schenna zurück, mächtiger Burggraf von Tirol und Vertrauter der Landesherrin Margarete, der sie um die Mitte des 14. Jahrhunderts auf Überresten einer Burg aus dem 12. Jahrhundert errichtet. Schon 1370 geht Schenna jedoch an das Geschlecht der Starkenberger über, das mit Nachdruck darangeht, die verbrieften

Südtirol
Meran und Umgebung

Rechte des Adels gegen die Dominanz des Landesfürsten – Friedrich „mit der leeren Tasche" – zu verteidigen. Doch der Widerstand wird gebrochen, Schenna belagert, schwer beschädigt und schließlich übergeben. Auch in der Folgezeit wechseln die Besitzer; zweieinhalb Jahrhunderte lang, bis 1749, residiert das Geschlecht der Liechtensteiner hier, erweitert die Burg und verschönert sie zum Schloss.

Obgleich Schenna in der mittelalterlichen Landesgeschichte eine nicht unbedeutende Rolle gespielt hat, ist es vielen mehr wegen des Erzherzogs Johann von Österreich ein Begriff. Der den Tirolern wohl am meisten zugetane Habsburger erwarb das Schloss 1844. Er war ein Offizier mit vielfältigem Interesse an Naturwissenschaften und Technik ebenso wie an Natur und Bergsteigerei, vom Volk wurde er nicht zuletzt wegen seiner „unstandesgemäßen" Ehe mit einer Posthalterstochter verehrt. Wieder wird nun umgebaut, aber es ist das letzte Mal – so, wie die Besucher Schloss Schenna heute sehen, sah es auch schon der volkstümliche Erzherzog. Seine Nachkommen bewohnen und pflegen die Anlage bis auf den heutigen Tag.

Erreichbarkeit
Das Schloss befindet sich in der Ortsmitte von Schenna und ist gut zu Fuß zu erreichen.

Sehenswertes in der Umgebung
Erzherzog Johann, dessen Name mit dem Schloss heute untrennbar verbunden ist und der 1859 starb, fand seine letzte Ruhe im nahen Mausoleum, einem neugotischen Bau, der für die Öffentlichkeit zugänglich ist.

Was man sehen muss
– die prunkvollen Räume
– die Gemäldesammlung mit einer Ahnengalerie der Habsburger
– die Sammlung historischer Waffen
– die Andreas-Hofer-Sammlung
– das nahe Mausoleum

Turm über dem Eingang

TIPP

Wirtshaus Thurnerhof

Genießen Sie in einem der schönsten und ältesten Bauernhöfe die feine, saisonale Südtiroler Küche, entweder in der nach Holz duftenden Stube oder im schattigen Romantikgarten unter Kastanien- und Nussbäumen.

Verdinser Straße 26
I-39017 Schenna bei Meran
Tel. +39 0473 945702
www.thurnerhof-schenna.com
Geöffnet von März bis 6. Jänner
10–24 Uhr
Montag Ruhetag

11 Trauttmansdorff
Durch ein botanisches Paradies und Südtirols Tourismusgeschichte

Die Gärten von Schloss Trauttmansdorff
Botanischer Garten und Touriseum
St.-Valentin-Straße 51a
I-39012 Meran
Tel. +39 0473 235730
www.trauttmansdorff.it
www.touriseum.it

Lage
Am östlichen Rand von Meran.

Anfahrt
Vom Meraner Zentrum ca. 2 km.

Öffnungszeiten
1. April–15. November 9–18 Uhr, (letzter Einlass 17 Uhr)
15. Mai–15. September 9–21 Uhr (letzter Einlass 20 Uhr).
Kein Ruhetag.
Das Mitbringen von Tieren ist nicht gestattet.

Was uns erwartet
2001 wurde auf dem Gelände von Schloss Trauttmansdorff auf einer Fläche von 12 ha der botanische Garten von Meran eröffnet, der 2005 zum schönsten Garten Italiens gekürt und 2006 zu Europas Garten Nr. 6 gewählt wurde. Zwei Jahre später vervollständigte das Touriseum, das 20 Räume umfassende Museum im Schloss zur Entwicklung des Tourismus in Südtirol, das Areal. Das Schloss selbst ist keineswegs nur eine Kulisse: Von den mittelalterlichen Anfängen der Anlage ist nichts mehr erhalten, die neugotischen Elemente, die sie heute prägen, zeugen vom weitgehenden Neuaufbau in der zweiten Hälfte des 19. Jahrhunderts, aber auch vom Glanz, der von zwei Besuchen der Habsburgerkaiserin Elisabeth abstrahlte und den Aufstieg des bis dahin eher verschlafenen Meran als Kurort begründen half. Die „kaiserliche Starthilfe" hat das Land zu nutzen gewusst, heute ist Südtirol eines der touristischen Zentren Europas, und wie es dazu gekommen ist, zeigt Südtirols Landesmuseum für Tourismus, „Touriseum", in mehr als 7000 Exponaten. Allein dafür ist ausreichend Zeit vorzusehen. Und dann sind da ja vor allem noch die „Gärten von Schloss Trauttmansdorff", eine einzigartige Schau von Pflanzen aus aller Welt zum einen und der für Südtirol typischen Flora andererseits. Wo, wenn nicht hier, auf der mediterranen Südseite des Alpenkamms, wäre der ideale Platz, um „die ganze Welt in einem Garten" auszubreiten! Die Pflanzen sind nach ihrer Herkunft geordnet; es werden botanische und ökologische Zusammenhänge wissenschaftlich präzise und doch leicht verständlich erläu-

Südtirol
Meran und Umgebung

Was man sehen muss

– das „Touriseum" mit seinen Exponaten zur Tourismusgeschichte Südtirols
– die über 80 Gartenlandschaften der Gärten von Schloss Trauttmansdorff
– die jährlich wechselnden Sonderausstellungen
– die interaktiven Erlebnisstationen und 11 Künstlerpavillons der Anlage

tert. Spazierwege leiten durch dieses „begehbare Medium", Schwerpunkte gliedern die Vielfalt der vorgestellten Natur- und Kulturlandschaften: Wasser- und Terrassengärten, Sonnengärten, Waldgärten und Landschaften Südtirols. Darin zu finden sind Asiatische Reisterrassen ebenso wie ein originärer Bergbauerngarten. Und auch verschiedene Gartentypen, etwa im englischen oder italienischen Stil, werden vorgestellt – reiche Inspiration für die Gestaltung des eigenen Umfelds zu Hause.

Aus der Geschichte
Anfang des 14. Jahrhunderts befand sich an der Stelle des heutigen Schlosses eine kleine Burg; nur Teile davon sind noch zu erkennen. Im frühen 16. Jahrhundert ließ sich die Familie Trauttmansdorff hier nieder, doch täuscht dies eine Kontinuität vor, die in Wahrheit nicht bestand: Die Burg verfiel, stürzte teilweise ein, wurde aufgelassen. 1846 kaufte Joseph von Trauttmansdorff, ein Nachfahre der früheren Besitzer, die Burg zurück, stoppte deren Verfall. Den heutigen Zustand verdankt Trauttmansdorff indes der öffentlichen Hand, die ihm mit Museum und botanischem Garten seine wirkliche Bedeutung gab.

Erreichbarkeit
Ab dem Bahnhof Meran per Bus (4 und 1B) oder über den Sissi-Weg bzw. mit dem eigenen PKW.

Sehenswertes in der Umgebung
Trauttmansdorff ist ein „Tagwerk"! Besonders Unternehmungslustigen aber bietet Meran alles, was man sich von einer eleganten Kurstadt verspricht.

TIPP

Gartennächte –
World Music vom Feinsten!

Die malerische Kulisse der Gärten von Schloss Trauttmansdorff wandelt sich in den Sommermonaten zu einem Schauplatz hochkarätiger musikalischer Darbietungen. Analog zum Motto der Gärten „Pflanzen aus aller Welt", weisen im Rahmen des World Music Freiluft-Konzertprogramms alljährlich fünf Gruppen dem begeisterten Publikum neue musikalische Horizonte. Nähere Informationen unter www.trauttmansdorff.it

Die Gärten von Schloss Trauttmansdorff
St.-Valentin-Str. 51a
I-39012 Meran
Tel. +39 0473 235730

12 Unterkasatsch – Pfeffersburg
Mittelalterliche Traumkulisse unterm Mendelkamm

Gasthof Unterkasatsch – Pfeffersburg
I-39010 Tisens/Prissian
Tel. +39 0471 678390
www. pfeffersburg.com

Lage
Nahe Nals über dem Etschtal.

Anfahrt
Von Bozen über die MeBo bis zur Ausfahrt Vilpian und weiter über Nals nach Prissian.

Öffnungszeiten
Der Gasthof ist von Anfang März bis Ende November durchgehend geöffnet.
Ruhetag: Montag ab 15 Uhr und Dienstag ganztägig.

TIPP

Gasthof Unterkasatsch-Pfeffersburg
Gepflegter Landgasthof im sonnigen Tisner Mittelgebirge: Zwei Tiroler Bauernstuben und ein großer Garten laden ein zu Nachmittagskaffee und selbst gemachten Mehlspeisen, Tiroler Spezialitäten und schmackhafter Hausmannskost.

Prissian 118
I-39010 Prissian-Tisens
Tel. +39 0471 678390
www.pfeffersburg.com
Geöffnet von Anfang März bis Ende November.
Montag ab 15 Uhr und Dienstag Ruhetag

Was uns erwartet

Die Ruine Unterkasatsch ist etwas ganz Besonderes, ein Kuriosum: eine renovierte Ruine. Was beim ersten Hinhören wie ein Paradox klingt, erweist sich bei näherer Betrachtung als faszinierende Einladung. Es ragen nur noch einige Mauerreste dieser etwas oberhalb des Etschtales gelegenen Burg aus dem letzten Jahrzehnt des 12. Jahrhunderts aus dem sie umgebenden Buschwald auf. Diese Mauern jedoch sind zum Authentischsten zu zählen, dem man in Südtirol an mittelalterlicher Bausubstanz begegnen kann. Seit dem 16. Jahrhundert ist der Bau unbewohnt, und nie wurde er – wie nahezu alle Burganlagen aus dieser Zeit – umgebaut. Heute, nach einer behutsamen Restaurierung, verbirgt sich in dem alten Gemäuer ein großer Saal, der für kulturelle Veranstaltungen genutzt wird, und der Platz vor der Burg ist gelegentlich suggestiver Schauplatz von Freilichtkonzerten.

Aus der Geschichte

Die 1194 erbaute Burg war eng mit dem Schicksal der nahen Eppaner Grafen verbunden, nach deren Aussterben sie häufige Besitzerwechsel erlebte, bis sie seit etwa 1600 verfiel.

Erreichbarkeit

Vom Gasthof Unterkasatsch-Pfeffersburg sind es nur ein paar Schritte zur malerischen Burgruine, von der aus man einen freien Blick über das weite Etschtal hat. Von Nals ist es zu Fuß eine Viertelstunde.

Sehenswertes in der Umgebung

Wegen der engen Beziehungen bietet sich ein Besuch von Schloss Hocheppan an, an dessen Bergfried der Grundriss von Kasatsch formal angelehnt sein dürfte.

Südtirol
Meran und Umgebung

13 **Schloss Sigmundskron**
Bozen

14 **Hocheppan**
Eppan

15 **Schloss Boymont**
Eppan

16 **Weinmuseum Kaltern**
Kaltern

17 **Schloss Runkelstein**
Bozen

18 **Schloss Maretsch**
Bozen

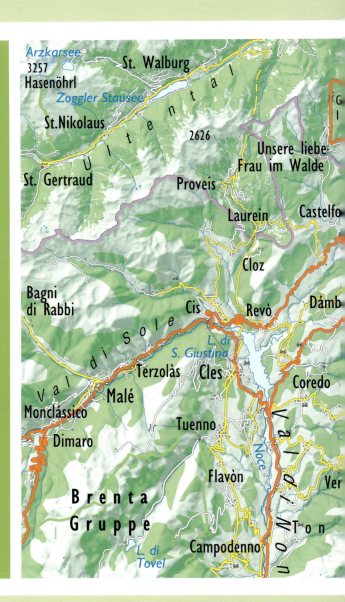

Südtirol
Überetsch und Unterland

13 Schloss Sigmundskron
Neues Leben und neue Visionen in Herzog Sigmunds Festung

Messner Mountain Museum Firmian
Schloss Sigmundskron
Sigmundskroner Str. 53
I-39100 Bozen
Tel. +39 0471 631264
www.messner-mountain-museum.it

Lage
Auf einem Porphyrrücken über dem Zusammenfluss von Eisack und Etsch.

Anfahrt
Vom Bozner Zentrum ca. 9 km.

Öffnungszeiten
Geöffnet vom ersten Sonntag im März bis zum dritten Sonntag im November 10–18 Uhr, letzter Einlass 17 Uhr. Montag Ruhetag.

Was uns erwartet
Nicht zu übersehen, wie es sich für eine Krone gehört, thront das Schloss auf einem Porphyrausläufer des Mitterbergs über dem Zusammenfluss von Etsch und Eisack. Sigmundskron war immer eine besondere Burg: eine der ältesten in Südtirol, zeitweilig die größte der gesamten deutschen Lande, mit ihren bis zu fünf Meter dicken Mauern ein frühes Zeugnis der Festungsbaukunst, buchstäblich bombensicher, der Artillerie des 15. Jahrhunderts jedenfalls mehr als gewachsen. Hausherr war damals Sigmund, genannt „der Münzreiche", der die ursprünglich Formigar genannte Burg erwarb und ausbaute, um von hier aus den Transit auf der Brennerstrecke zu kontrollieren.

Seit dem Jahr 2006 hat das Schloss eine wichtige Funktion und in die ehrwürdigen Mauern ist reges Leben zurückgekehrt: Reinhold Messner nämlich, weltbekannter Bergsteiger und ein Virtuose auf der Klaviatur des öffentlichen Interesses, hat hier das Zentrum seines „MMM Messner Mountain Museum" eingerichtet. Das Land hat seine Vision nach einigem Zögern aufgegriffen und finanziell unterstützt, der Südtiroler Architekt Werner Tscholl hat Messners Museumsvision mit seinem behutsamen Umbau kongenial begleitet. Allein diese Leistung wäre sehenswert. In Messners Museumskonzept ist Firmian/Sigmundskron die tragende Säule, Sitz der Verwaltung, Ideenlabor, Veranstaltungs- und Ausstel-

Südtirol
Überetsch und Unterland

lungsort in einem. Hier – so die programmatische Festlegung – soll gezeigt werden, „was der Berg mit den Menschen macht". Und man muss ergänzen: der Mensch mit den Bergen …, denn gezeigt werden hier nicht nur Bilder und andere Kunstobjekte, sondern auch Reminiszenzen an zahlreiche Expeditionen.

Aus der Geschichte

Sigmundskron ist, unter dem Namen Formigar und als Besitz der Bischöfe von Trient, bereits im Jahr 956 urkundlich erwähnt. Wer von der Burg hinabblickt, erkennt die Bedeutung des Platzes: Die Etschschifffahrt war eine lohnende Einnahmequelle, und das entging auch der Geistlichkeit nicht. Seit dem 12. Jahrhundert ist die Festung, nun Firmian genannt, Gerichtsort und wird erweitert. Dem erwähnten Herzog Sigmund verdankt sie ihre heutigen Dimensionen – das Geld war dank des reichen Bergsegens aus den Tiroler Bergwerken nicht knapp. Mit Sigmunds Abdankung jedoch zieht eine neue Zeit über Sigmundskron herauf, die Geldquellen versiegen nach und nach, die Krone unter Sigmunds Burgen verliert ihren Glanz und verfällt schließlich. 1957 kehrt der Name in die Geschichte zurück, als 35 000 Südtiroler unter der Parole „Los von Trient!" die Autonomie des Landes einfordern.

Erreichbarkeit

Auf kurzem Fußweg vom Parkplatz. Mit dem Zug nach Sigmundskron und in 20 Minuten auf Weg Nr. 1 zum Schloss.

Sehenswertes in der Umgebung

In ca. 3 Std. kann man vom Schloss durch den Montiggler Wald zu den Montiggler Seen wandern.

Was man sehen muss

– die Burg selbst, in deren verschiedenen Gebäudeteilen die „Schlüsselstellen" der Ausstellung untergebracht sind
– die *Art Gallery* mit wechselnden Ausstellungen
– die Architektur der Restaurierung
– die Umgebung der Burg, die ein Parcours erschließt

Auf dem Museumsparcours

14 Hocheppan
Zeuge des Glanzes und Niedergangs einstiger Macht

Burg Hocheppan
Hocheppaner Weg 16
I-39050 St. Pauls-Missian
Tel. +39 0471 636081
www.hocheppan.com

Lage
Auf einem Felsen überm Etschtal.

Anfahrt
Von Bozen über Unterrain bis knapp unter die Burg, ca. 11 km.

Öffnungszeiten
Mitte März bis Anfang November täglich 10–18 Uhr;
Mitte März bis Mitte September ist Mittwoch Ruhetag.
Führungen in der Burgkapelle täglich 10.30–17.30 Uhr.

Was uns erwartet
Diese Höhenburg, das formulierte schon Josef Weingartner, nimmt unter den Südtiroler Burgen eine Sonderstellung ein. Ihre Silhouette beherrscht den Ostabhang des Gantkofels, von weitem erkennt man den ausgedehnten Bau mit seinem markanten Bergfried. Ein Juwel ist die Burgkapelle, ihre Fresken mit einem Nebeneinander von Bibelszenen, Heiligendarstellungen und ganz profanen Sujets gehören – laut Nicolò Rasmo – zum Bedeutendsten, was uns die Romanik hinterlassen hat.

Aus der Geschichte
Eine Zeit lang konkurrierten die Eppaner mit den Grafen von Tirol um die Vorherrschaft im Land an der Etsch; die Dynastie war, wie dies auch der stolze Bau von Hocheppan zum Ausdruck bringt, mächtig und einflussreich, bis Selbstüberschätzung sie dazu verleitete, 1158 eine päpstliche Gesandtschaft zu überfallen. Die daraufhin erfolgte Strafexpedition unter Heinrich dem Löwen führte zur Zerstörung der Burg und zur Entmachtung der Eppaner – das Glück neigte sich den Herren auf Schloss Tirol zu, den Rest auf Hocheppan erledigten die Jahrhunderte und mehrere Besitzerwechsel: Die einst so stolze Festung verkam zur Ruine. Erst die Restaurierungen des Landesdenkmalamtes konsolidierten, was sich bis dahin erhalten hatte.

Erreichbarkeit
Vom Parkplatz gelangt man auf einem kurzen Fußweg nach Hocheppan.

Sehenswertes in der Umgebung
Den Besuch auf Hocheppan kann man mit einer Wanderung zu den Schlössern Boymont und Korb zu einem Tagesausflug kombinieren.

15 Schloss Boymont
Herrschaftliche Pracht von kurzer Dauer

Südtirol
Überetsch und Unterland

Was uns erwartet
Auf Boymont erwarten uns die Überreste einer ausgedehnten spätmittelalterlichen Wohnburg, eines repräsentativen Baus, der zwar eine gewisse Wehrhaftigkeit ausstrahlt, doch nicht wie etwa das benachbarte Hocheppan der Kontrolle des Landes, sondern als angenehmer und standesgemäßer Aufenthaltsort gedient haben dürfte. Bemerkenswert – und für eine Burg dieser Epoche untypisch – ist der rechteckige Umriss der Mauern, die einen einladenden Innenhof umfrieden. Wenngleich der einstige Glanz längst erloschen ist, sind doch einige malerische Baudetails zu bewundern, so etwa schöne Triforien im Palas und die Apsis der Burgkapelle.

Aus der Geschichte
Entstanden in der ersten Hälfte des 13. Jahrhunderts, vermutlich im Auftrag einer Nebenlinie der Eppaner Grafen, war dem Bau nur eine kurze Blütezeit bestimmt. Die Herren von Boymont spielten in der regionalen Geschichte eine nicht unwichtige, jedoch keine tragende Rolle. Und sie hatten Unglück, verhedderten sich offenbar in Erbstreitigkeiten, die, der Zeit entsprechend, mit einer gewissen Radikalität ausgetragen wurden: 1425 verwüstete ein Feuer die Anlage, die Geschichte hatte ihr vorläufiges Ende.

Erreichbarkeit
Von Schloss Korb aus ist Boymont in einer Viertelstunde bequem zu Fuß zu erreichen.

Sehenswertes in der Umgebung
Über Korb kann man nach Perdonig und zur Burg Festenstein wandern. Mit ihrer malerisch exponierten Lage auf einem Porphyrfelsen steht sie im deutlichen Kontrast zu Boymont.

Schloss Boymont
I-39050 St. Pauls-Missian

Lage
Auf einer Anhöhe westlich über Missian in einem ebenen Waldstück.

Anfahrt
Von Bozen über Missian nach Schloss Korb, ca. 11 km.

Öffnungszeiten
Anfang April – Anfang November.

16 Weinmuseum Kaltern
Kleine Reise durch die Welt des Weines

Weinmuseum Kaltern
Goldgasse 1
I-39052 Kaltern
Tel. +39 0471 963168
www.weinmuseum.it

Lage
Im Zentrum von Kaltern.

Anfahrt
Von Bozen auf der Staatsstraße bis Kaltern, ca. 15 km.

Öffnungszeiten
1. April bis Anfang November
Dienstag – Samstag 10–17 Uhr,
Sonn- und Feiertage 10–12 Uhr.
Montags sowie am 1. November geschlossen.

TIPP

Die **Museumcard** bietet 20 % Rabatt beim Eintritt in die Landesmuseen. Wie? Beim Kauf einer vollen Eintritts- oder Familienkarte bekommen Sie die „Museumcard" geschenkt. Sie ist ein ganzes Jahr für alle Ausstellungen und Veranstaltungen gültig.
Infos: Tel. 0471 631233
www.landesmuseen.it

Was uns erwartet
Südtirol ist von alters her ein klassisches Weinland und Kaltern an der Südtiroler Weinstraße ist der Inbegriff eines Weindorfes. Auf einem Rundgang durch die sieben Räume des Weinmuseums Kaltern erfahren wir alles über den Wein, seinen Anbau und seine Herstellung, seine kulturelle Bedeutung und natürlich auch über den großen Stellenwert, den er in der Region hat. Und damit's nicht bei der Theorie bleibt, können nach Voranmeldung bei einer Führung im so genannten tiefen Keller des Museums die guten Tropfen verkostet werden. Der Keller ist mit seinen Fässern und alten Weingeräten wirklich sehenswert. Einige der Themen werden anhand von Kurzfilmen vertieft. Für alle, deren Interesse am Weinbau der Besuch des Museums nun stärker geweckt hat, steht im kleinen Museumsladen eine Auswahl an weiterführender Literatur bereit.

Aus der Geschichte
Die Tradition des Südtiroler Weinmuseums reicht zurück ins Jahr 1955, als es im Schloss Ringberg am Kalterer See eingerichtet wurde. Heute ist das Weinmuseum Teil des Südtiroler Landesmuseums für Volkskunde.

Erreichbarkeit
Von den Parkmöglichkeiten (Trutsch und Paterbühel) im Kalterer Ortszentrum sind es zum Weinmuseum jeweils nur wenige Minuten zu Fuß.

Sehenswertes in der Umgebung
Es bleibt der Unternehmungslust des Besuchers überlassen, ob er sich für den Abstecher zum Kalterer See (ca. 4 km) oder für die Fahrt mit der Standseilbahn (850 m Höhenunterschied, 4½ km Streckenlänge) vom Ortsteil St. Anton auf den Mendelpass entscheidet – lohnende Ziele sind beide.

17 Schloss Runkelstein
Auf Tuchfühlung mit der Welt der Ritter

Südtirol
Überetsch und Unterland

Schloss Runkelstein
Kaiser-Franz-Josef-Weg
I-39100 Bozen
Tel. +39 0471 3298 08
www.runkelstein.info

Lage
Im Norden von Bozen auf einem Felsen über der Talfer am Eingang ins Sarntal.

Anfahrt
Ausreichend Parkmöglichkeiten bestehen in der Bozner Innenstadt oder beim Schloss Maretsch.

Öffnungszeiten
Dienstag–Sonntag 10–18 Uhr (letzter Einlass 17.30 Uhr); Ostermontag und Pfingstmontag geöffnet.

Was uns erwartet
Runkelstein trägt das Prädikat „die Bilderburg", und das ist, auf einen einfachen Nenner gebracht, das, was den Besucher erwartet: Das von außen betrachtet eher abweisende und wehrhafte Schloss ist in seinem Innern mit dem größten Zyklus profaner mittelalterlicher Wandmalerei ausgeschmückt. Die Welt der Ritter leuchtet hier in einer unglaublichen Pracht von den Wänden – eine Zeitreise in die Welt der höfischen Gesellschaft, von der sich im 19. Jahrhundert mancher Dichter der deutschen Romantik anregen ließ. Dargestellt sind Jagd und Turnier, in prächtigen Farben wird die Haute Couture der Zeit präsentiert, prunkvoll gewandet sehen wir die „oberen Zehntausend" des 15. Jahrhunderts an uns vorbeischreiten – oder sind wir es, die schreiten? Gleichwohl, die Illusion bezaubert.

Aus der Geschichte
Runkelstein geht auf das Jahr 1237 zurück, doch seine Blüte erlebt es im Besitz der Familie Vintler, die es Ende des 14. Jahrhunderts übernimmt, wieder aufbaut und in der erwähnten Art kostbar ausschmückt. Auf eine Pulverexplosion im Jahr 1520 folgt jahrhundertewährender Verfall. Erst das 19. Jahrhundert erkennt den Verlust, Runkelstein wird restauriert und erlangt seine heutige Wertschätzung.

Erreichbarkeit
Vom Bozner Stadtzentrum bzw. von Schloss Maretsch ist es jeweils ein Spaziergang von etwa einer halben Stunde nach Runkelstein.

Sehenswertes in der Umgebung
Passend zu Runkelstein, der „Bilderburg": ein Besuch des Schlosses Maretsch mit seinen ebenfalls prunkvoll ausgemalten Räumen.

TIPP

Südtiroler Archäologiemuseum
Das 1998 eröffnete Südtiroler Archäologiemuseum dokumentiert die Geschichte Südtirols von der Alt- und Mittelsteinzeit bis zur Karolingerzeit. Eingefügt in den historischen Rahmen bilden „Ötzi", der Mann aus dem Eis (3300 v. Chr) und seine Beifunde den zentralen Ausstellungskomplex.
Museumstraße 43
I-39100 Bozen
Tel. +39 0471 320100
www.iceman.it
Geöffnet täglich von 10 bis 18 Uhr
Montag Ruhetag

18 Schloss Maretsch
Repräsentative Renaissance – ein Ziel für alle

Schloss Maretsch
Claudia-de-Medici-Straße 12
I-39100 Bozen
Tel. +39 0471 976615
www.maretsch.info

Lage
Nahe dem Zentrum von Bozen.

Anfahrt
Parkmöglichkeit vor der Anlage.

Öffnungszeiten
10–18 Uhr. Führungen nur nach Voranmeldung.

TIPP

Naturmuseum Südtirol

Die Dauerausstellung veranschaulicht die Entstehung und das Erscheinungsbild der Südtiroler Landschaften an ausgewählten Beispielen. Neben den klassischen Dioramen gibt es auch Modelle, Inszenierungen, Experimente und als Highlights das 9000 Liter fassende Korallenriffaquarium sowie das neue Nautilus-Aquarium.

Bindergasse 1
I-39100 Bozen
Tel. +39 0471 412964
www.naturmuseum.it
Geöffnet täglich von 10 bis 18 Uhr
Montag Ruhetag

Was uns erwartet

Maretsch, inmitten von Weingärten gelegen, ist ein repräsentatives Stadtschloss. Ein instruktives Bild von der Anlage kann man sich von der nahen Wassermauer aus machen, die die Bozner zum Schutz vor Überschwemmungen durch die Talfer errichtet haben. Von dieser höheren Warte aus zeigt sich gut der quadratische Grundriss mit den vier Eckrondellen. Im Innern präsentiert sich Maretsch als ein vollendetes Werk der Spätrenaissance. Berühmt ist die Ausstattung der Repräsentationsräume mit ihren bemalten Balkendecken und ihrer umlaufenden Freskierung, die neben Szenen aus der klassischen Sagenwelt und der Geschichte des Altertums auch allegorische Figuren und Motive aus der Bibel zeigt. Der Freskenzyklus wird zu Recht zu den bedeutendsten Werken der Spätrenaissance in Tirol gezählt. Interessant sind auch die monochromen Wandmalereien im 1. Stockwerk.

Aus der Geschichte

Der älteste Turm der Anlage datiert aus dem Jahr 1194. Das eigentliche Schloss aber wurde im 13. Jahrhundert von einem tirolischen Ministerialengeschlecht erbaut. Die späteren Besitzer, die Herren von Römer, gaben der Anlage im 16. Jahrhundert ihre heutige Gestalt. Seit 1977 nutzt die Stadt Bozen Maretsch als repräsentatives Kongresszentrum.

Erreichbarkeit

Wer nicht vor dem Schloss parken möchte, der erreicht Maretsch vom Bozner Zentrum her in wenigen Minuten zu Fuß.

Sehenswertes in der Umgebung

Ein Rundgang in der Bozner Altstadt bietet Eindrücke im Überfluss.

Südtirol
Überetsch und Unterland

19 **Schloss Prösels**
Völs am Schlern

20 **Trostburg**
Waidbruck

21 **Schloss Velthurns**
Feldthurns

22 **Hofburg Brixen**
Brixen

23 **Kloster Neustift**
Vahrn

24 **Burg Reifenstein**
Sterzing

25 **Schloss Wolfsthurn**
Mareit-Ratschings

26 **Schloss Rodenegg**
Rodeneck

Südtirol
Eisacktal

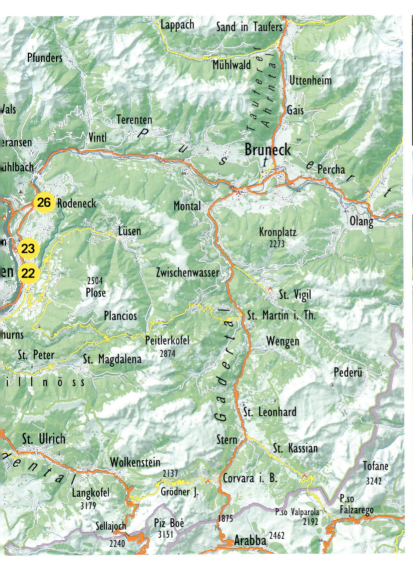

19 Schloss Prösels
Von prassender Obrigkeit und aufständischen Untertanen

Schloss Prösels
Prösels 21
I-39050 Völs am Schlern
Tel. +39 0471 601062
www.schloss-proesels.it

Lage
Auf einem sanften Bergrücken zu Füßen des Schlerns.

Anfahrt
Von Bozen auf der Staatsstraße bis Blumau, dann nach Prösels abzweigen; ca. 16 km.

Öffnungszeiten
Vom 1.5. bis 31.10. finden täglich außer Samstag Führungen statt; Eintrittskarten in der Schlossschenke neben dem Schlosstor.

Was uns erwartet
Schloss Prösels erhebt sich weithin sichtbar auf einem Bergrücken unterhalb der großartigen Kulisse des Schlerns. Es ist eine sehr gut erhaltene Anlage, in der sich ehemalige Wehrhaftigkeit und die Eleganz der Renaissance malerisch zu einem harmonischen Ganzen zusammenfinden. Die Wohngebäude umschließen den Burghof, in dem die Kapelle zur hl. Anna steht; sie kann im Rahmen von Führungen ebenso besichtigt werden wie das Schloss selbst. Ebenfalls einen Besuch wert ist die von der Südtiroler Landesregierung angekaufte Waffensammlung Franz Anton von Koflers im Pfeilersaal, die vorwiegend Exponate aus dem 19. Jahrhundert enthält.

Heute bietet Schloss Prösels häufig den stilvollen Rahmen für Ausstellungen, Theateraufführungen und Konzerte unterschiedlicher Stilrichtungen.

Aus der Geschichte
Man darf davon ausgehen, dass Prösels etwa um das Jahr 1200 erbaut worden ist. Seine erste urkundliche Erwähnung findet es im Jahr 1279. So, wie Schloss Prösels sich heute seinen Besuchern zeigt, ist es ein Werk des frühen 16. Jahrhunderts. 1517 hat Leonhard von Völs den Bau mit zeitgemäßen Verteidigungsanlagen ausstatten und zu einem repräsentativen Adelssitz ausbauen lassen. Seither blieb im Wesentlichen alles beim Alten.

Südtirol
Eisacktal

Eine wichtige Figur in der Tiroler Geschichte ist Michael Gaismair. Sein Name verbindet sich auch mit Schloss Prösels, war er doch Geheimschreiber des Leonhard von Völs, später des Brixner Bischofs. Die Historiographie sieht in Gaismair die ordnende Hand und vor allem auch die treibende Kraft des Tiroler Bauernaufstands von 1525. Für Leonhard von Völs, der uns als strenger Herr seiner Untertanen überliefert ist, liefen die Ereignisse deshalb doppelt ungünstig: Die Aufständischen wussten, wo sie suchen mussten, und im Archiv fand sich der „Große Freiheitsbrief" von 1342, der die Mitsprache des Bauernstandes in Angelegenheiten der Landesregierung festschrieb – ein Papier, kaum mehr zunächst, doch es war Inspiration für eine neue Landesordnung, die der Bauernlandtag beschließt. Ein weiteres Papier … Am Herrschaftsgefüge sollte sich nichts ändern, auch nicht durch Gaismairs im Schweizer Exil verfasste Landesordnung von 1526, einen kühnen Verfassungsentwurf und ein fundamentales politisches Werk, für dessen Vorstellungen die Zeit erst Jahrhunderte später reif sein sollte.

Erreichbarkeit

Der Parkplatz befindet sich in unmittelbarer Nähe des Schlosses. Als Alternative bietet sich die zweistündige leichte Wanderung auf Weg Nr. 6 von Obervöls zum Schloss an.

Sehenswertes in der Umgebung

Prösels liegt im Bann des Schlerns, des Südtiroler Wahrzeichens. Vom Völser Weiher, der auf dem Gebiet des Naturparks Schlern–Rosengarten liegt, führt ein Weg hinauf zu den Schlernhäusern.

Was man sehen muss

- das Gebäude selbst mit seinen Räumen, dem Innenhof und dem spätgotischen Arkadengang
- die Annenkapelle
- die Waffensammlung des Franz Anton von Kofler im Pfeilersaal
- die Sammlung von 98 Bildern und einer Skulptur aus dem Bozner Batzenhäusl, dem Treffpunkt von Persönlichkeiten aus dem Kunst- und Geistesleben der Stadt
- das Schützenmuseum mit Bildern, Fotos und Erinnerungsstücken aus dem Ersten Weltkrieg

TIPP

Hans Pattis Skulpturen

Hans Pattis hat über Malerei und Holzschnitzerei in den letzten Jahren zu einer besonderen Art der bildenden Kunst gefunden: Mit Respekt und Liebe zur Natur erweckt er scheinbar wertloses Geäst zu neuem Leben …

Dorfstraße 1
I-39050 Völs am Schlern
Tel. +39 0471 725741
Geöffnet Montag bis Samstag
10–12 Uhr, Sonntag Ruhetag

Schloss Prösels

20 Trostburg
Prachtburg über dem Eisacktal

Trostburg
I-39040 Waidbruck
Tel. +39 0471 654401
www.burgeninstitut.com

Lage
Auf einem bewaldeten Felssockel über dem Eingang ins Grödner Tal.

Anfahrt
Von Bozen auf der Staatsstraße nach Waidbruck, ca. 23 km.

Öffnungszeiten
Besichtigung von Donnerstag vor Ostern bis Ende Oktober nur mit Führung möglich. Montag Ruhetag.

Was uns erwartet
Die Trostburg ist sechs Jahrhunderte lang Sitz der Grafen von Wolkenstein gewesen, deren berühmtester Spross, der Minnesänger Oswald, hier seine Jugend verbracht hat. Dieser sah den ausgedehnten Bau allerdings noch nicht so, wie er sich heute zeigt: Erst im 16. Jahrhundert verwandeln die Besitzer die Anlage in ein Juwel der Renaissance, was man an den Batterietürmen und Rondellen erkennt. Im Innern besticht der Renaissance-Prunksaal mit einer herrlichen Kassettendecke, doch auch gotische Elemente wie etwa die kunstvoll geschnitzte Holzbalkendecke in der gotischen Ritterstube oder zahlreiche Türrahmen aus dieser Zeit haben sich erhalten.
Heute ist die Trostburg Sitz des Südtiroler Burgeninstituts, das eine Ausstellung von etwa 80 Holzmodellen von Südtiroler Burgen präsentiert. Zudem gibt es eine Ausstellung über Oswald von Wolkenstein.

Aus der Geschichte
Erbaut wird die Trostburg von brixnerischen Ministerialen im 12. Jahrhundert. Danach sind die Herren von Velthurns hier ansässig, die – verleitet von der günstigen Lage der Burg – als Straßenräuber auffällig werden und ihren Besitz 1290 an den Landesherrn Meinhard II. übergeben. Danach kommen die Wolkensteiner.

Erreichbarkeit
Die Trostburg erreicht man zu Fuß von der Waidbrucker Pfarrkirche aus auf einem mittelalterlichen Weg in etwa einer Viertelstunde.

Sehenswertes in der Umgebung
Es sind nur wenige Kilometer eisackaufwärts nach Klausen mit dem Kloster Säben.

21 Schloss Velthurns
Handwerkskunst auf höchstem Niveau

Südtirol
Eisacktal

Schloss Velthurns
Dorf Nr. 1
39040 Feldthurns
Tel. +39 0472 855525

Lage
Das Schloss steht im Dorf Feldthurns.

Anfahrt
Von Brixen zuerst auf der Staatsstraße Richtung Bozen, in Höhe Albeins dann rechts abzweigen und an der Talflanke bis Feldthurns, ca. 8 km.

Öffnungszeiten
Ostern – Allerheiligen
Dienstag – Sonntag 11.30 – 12.30 und 16 – 17 Uhr.

Was uns erwartet
Von außen betrachtet ist Schloss Velthurns eine einfache, harmonische Anlage mit einer zinnenbekrönten Umfassungsmauer, die den Palas mit dem Schreiberhaus verbindet und auf diese Weise einen Innenhof bildet. Den einladenden Bauplatz hatten sich die Brixner Fürstbischöfe für ihren Sommersitz auserwählt, den sie hier zwischen 1578 und 1587 entstehen ließen. Das Baumaterial hierzu stammt vermutlich vom Abbruch einer älteren Burg der hier ansässigen Herren von Velthurns. Auf Wehranlagen verzichtete die gut betuchte Geistlichkeit, auf ein luxuriöses Interieur indes nicht. Schloss Velthurns wird zu Recht für seine großartige Innenausstattung gerühmt: herrliche Kassettendecken, Türrahmen und Wandvertäfelungen mit erlesensten Intarsien und Vergoldungen, ein prunkvoller Kachelofen im Fürstenzimmer – eine wahre Leistungsschau des regionalen Handwerks zur Zeit der Hochrenaissance.

Aus der Geschichte
Der Ansitz erfuhr seit seiner Erbauung nahezu keine Veränderungen und ging 1803 an das Kaiserhaus über. 1875 verkauft die Krone das Schloss an die Fürsten von Liechtenstein und diese schenken es 1903 der Stadt Bozen. Von 1980 bis 1983 wurde es restauriert.

Erreichbarkeit
Wer sein Fahrzeug nicht in Feldthurns parken möchte, kann von Tschötsch in 1½ Stunden zum Schloss wandern.

Sehenswertes in der Umgebung
Im ehemaligen Schreiberhaus des Schlosses ist ein Heimatmuseum eingerichtet, das eine Sammlung von landwirtschaftlichen und handwerklichen Gegenständen zeigt.

22 Hofburg Brixen
Weltlicher Prunk für geistliche Würdenträger

Hofburg Brixen
Hofburgplatz 2
I-39042 Brixen
Tel. +39 0472 830505

Lage
Im Stadtzentrum von Brixen.

Anfahrt
Von Bozen auf der Brennerautobahn, ca. 41 km.

Öffnungszeiten
1.4.–31.10. täglich außer Montag, 10–17 Uhr.

Was uns erwartet
Mitten in Brixen steht der ausgedehnte, harmonische Baukörper der Hofburg, ein repräsentativer Fürstenpalast. Er beherbergt heute in nicht weniger als 70 Räumen die Sammlungen des im Jahr 2001 neu eröffneten Diözesanmuseums, eine gewaltige Fülle von Exponaten sakraler Kunst vom Mittelalter bis in die Gegenwart.
Ausführlich wird die Kunst des Mittelalters ausgestellt, Glanzpunkte sind etwa ein geschnitztes Christusbild aus der Mitte des 12. Jahrhunderts, spätromanische und gotische Madonnendarstellungen, die Werke des ansässigen Meisters Leonhard und des großen Hans Klocker. Daneben zeigt die Schau Bilder aus der Renaissance sowie Epitaphien derselben Epoche, Werke von Bartlmä Dill Riemenschneider und Paul Troger. Besondere Besuchermagnete sind die Sammlung von Tiroler Krippen aus drei Jahrhunderten sowie der kostbare Brixner Domschatz mit seinen Reliquienkassetten, Monstranzen, liturgischen Geräten und historischen Bischofsgewändern.
Wenngleich im Osten und Westen barocke Fassaden das Bild bestimmen, strahlt der Innenhof in seiner Architektur vor allem die ebenmäßig dezente Eleganz der Renaissance aus und macht ihn zu einem der schönsten Schlosshöfe Südtirols. Im Süden und Norden bestimmen dreigeschossige Loggien die Fassaden. An den Arkadenpfeilern sind 44

Südtirol
Eisacktal

lebensgroße Terrakotta-Standbilder aufgestellt, Werke des bayerischen Bildhauers Hans Reichle, die die Dynastie des Hauses Habsburg im großen Stil würdigen – am guten Einvernehmen mit den weltlichen Herren war den Bischöfen gelegen, und sie machten offensichtlich kein Hehl daraus.

Aus der Geschichte
Die Hofburg ist der historische Sitz der Brixner Fürstbischöfe. Sie entstand bereits im 13. Jahrhundert, erhielt jedoch erst seit 1595 unter Fürstbischof Kardinal Andreas von Österreich ihre heutige Form und das von der Renaissance geprägte Erscheinungsbild. Werke des frühen 18. Jahrhunderts sind die Hofkirche, die von außen nur ihr Turm und das Portal verrät, sowie der Kaiser- und der Bischofstrakt. 1964 wird der Sitz der Diözese nach Bozen verlegt, die einstige Bedeutung der Hofburg geht verloren. Erhalten jedoch bleibt mit dem Diözesanmuseum der alte Glanz. In der Hofburg begegnet uns wie schon auf Schloss Prösels wieder Michael Gaismair: Zwei Monate lang stand er hier im Jahr 1525 seinen aufständischen Bauern vor.

Erreichbarkeit
Parkmöglichkeiten finden sich in ausreichender Zahl in der näheren Umgebung von Hofburg und Dombezirk.

Sehenswertes in der Umgebung
Ein Besuch in der Bischofsstadt Brixen sollte unbedingt einen Rundgang durch die Innenstadt und eine Besichtigung des barocken Doms sowie des berühmten Kreuzgangs vorsehen.

Was man sehen muss
- den Innenhof
- die Fassaden aus den Epochen der Renaissance und des Barock
- das Diözesanmuseum mit seiner Präsentation von sakraler Kunst seit dem Mittelalter
- die Krippensammlung
- den Domschatz

TIPP

Restaurant Künstlerstübele Finsterwirt

In den im Südtiroler Stil gestalteten Stuben, umgeben von Kunst und Geschichte, laden Hermann Mayr und sein Team ein zum Genießen; geeignet für schöne und kleine Anlässe. Lassen Sie sich verwöhnen mit der jungen Südtiroler und mediterranen Küche sowie mit erlesenen Weinen.

Domgasse 3
I-39042 Brixen
Tel. +39 0472 835343
www.finsterwirt.com
Geöffnet 11.30–14.15 Uhr, 18.30–21.15 Uhr
Sonntag Abend und Montag Ruhetag

Der Brixner Dombezirk mit der Hofburg vorn in der rechten Bildhälfte

23 Kloster Neustift
Eine Burg für Bildung, Kunstsinn und praktische Fertigkeiten

Augustiner-Chorherrenstift Neustift
Stiftstraße 1, I-39040 Vahrn
Tel. +39 0472 836189
www.kloster-neustift.it

Lage
Am Rand von Vahrn zwischen Rebkulturen.

Anfahrt
Von Brixen, ca. 5 km.

Öffnungszeiten
Stiftsführungen täglich, außer an Sonn- und Feiertagen, um 10, 11, 14, 15, 16 Uhr, von Mitte Juli bis Mitte September auch um 12 und 13 Uhr. Von Januar bis März am Montag Führungen nur nach Reservierung.

Was uns erwartet
Das Augustiner-Chorherrenstift liegt in unmittelbarer Nähe des Eisacks zwischen ausgedehnten Rebflächen. Neben der Klosterkirche – einer imposanten Basilika mit spätbarocker Ausstattung – umfasst das Areal eine im Stil des Rokoko reich verzierte Stiftsbibliothek. Innerhalb der Mauern liegt auch die Engelsburg, ein mit zahlreichen Schießscharten ausgestatteter Bau auf rundem Grundriss, der dem römischen Original nachempfunden ist.
Wer Neustift besucht, sollte es nicht versäumen, durch die vorbildlich gepflegten Anlagen des Klostergartens zu spazieren, am besten im Rahmen einer Führung – die Neustifter Mönche genossen einen ausgezeichneten Ruf nicht nur als Lateinlehrer, sondern auch als Lehrmeister in so praktischen Dingen wie der Gärtnerei und Landwirtschaft. Neustift ist heute auch Tagungszentrum.

Aus der Geschichte
Das Kloster Neustift ist eine Gründung des Brixner Bischofs Hartmann aus dem Jahr 1142. In der Anfangszeit bestand die Hauptfunktion in der eines Hospizes für die Scharen der Rompilger, die an der nahen Brennerstraße durchzogen. Mehr und mehr entwickelte sich das Kloster aber zu einem geistigen Zentrum für die nähere und weitere Umgebung – von später sogar europäischem Rang, wie sich das in der Bibliothek dokumentiert. Neustift war stets auch ein

Südtirol
Eisacktal

von der Französischen Revolution ausgehende Umwälzung Europas im Geist der Aufklärung, in deren Folge Tirol an Bayern überging und 1807 säkularisiert wurde. Neustift traf diese Zäsur auf dem Höhepunkt seiner Bedeutung besonders schmerzhaft. 1816, nach dem Wiener Kongress, kehrten die Mönche zwar wieder zurück, doch zu einer Erholung des Stiftsbetriebs kam es erst wieder um die Mitte des Jahrhunderts.

Erreichbarkeit
Eine Parkmöglichkeit besteht in unmittelbarer Nähe der Anlage.

Sehenswertes in der Umgebung
Neustift liegt im direkten Einzugsgebiet der Bischofsstadt Brixen. Ein Spaziergang durch die dortige Altstadt empfiehlt sich ebenso wie der Besuch von Hofburg und Dom.

Was man sehen muss
- die Stiftsbibliothek
- die Klosterkirche
- die historische Gartenanlage
- die Engelsburg
- den Stiftskeller und den Stiftsladen, wo die klostereigenen Erzeugnisse verkauft werden

Wirtschaftsbetrieb und deshalb in ökonomischer Hinsicht weitgehend autark. Einnahmequellen waren neben dem Weinbau eine Mühle und ein Sägewerk sowie das Einkommen aus der Bewirtschaftung der stiftseigenen Anbauflächen und Wälder. Eine weitere Bestimmung fand Neustift als Unterrichtszentrum des Eisacktals, seit dem Mittelalter ist hier neben der Seelsorgetätigkeit eine Schule belegt. Die Bauernaufstände des frühen 16. Jahrhunderts zogen auch Neustift in Mitleidenschaft. Den Rebellen galt insbesondere das wohlhabende Neustift als Symbol der Unterdrückung, und sie stürmten den Komplex und plünderten ihn.
Einen weiteren tiefen Einschnitt in der Klostergeschichte bedeutete die

TIPP

Hotel Restaurant Brückenwirt ★★★

Genießen Sie in einer der ältesten Gaststätten von Tirol (erste Erwähnung im Jahr 1152) Speisen à la carte in den gemütlichen Stuben und eleganten Räumlichkeiten.

I-39040 Neustift bei Brixen
Tel. +39 0472 836692
www.hotel-brueckenwirt.com
Ganzjährig geöffnet
Mittwoch Ruhetag

24 Burg Reifenstein
Gotischer Kontrollposten an der Brennerstraße

Burg Reifenstein
I-39049 Sterzing
Tel. +39 0472 765879

Lage
Südlich von Sterzing an der rechten Seite des Wipptals.

Anfahrt
Vom Zentrum von Sterzing ca. 3 km.

Öffnungszeiten
Von 1.4. bis 31.10. Führungen um 10.30, 14 und 15 Uhr und von Mitte Juli bis Mitte September auch um 16 Uhr.
Freitag Ruhetag.
Besichtigung nur mit Führung.

Was uns erwartet
Wohl jedem, der je auf der Brennerstraße oder -autobahn im Sterzinger Raum unterwegs war, hat sich der Anblick der beiden mächtigen Festen an der linken und rechten Talflanke eingeprägt.
Die südlich des Eisacks gelegene ist Reifenstein, sie kann besichtigt werden und hält in ihrem Innern, was von außen ihre bestens erhaltenen Mauern versprechen. Die Burg wurde nie erobert oder zerstört. Innerhalb dieser Mauern erwartet den Besucher eine Ritterburg mit allem, was dazugehört: ein 22 m hoher Bergfried (aus dem 12. Jahrhundert), ein fast gleich hoher Palasturm (aus dem 15. Jahrhundert), Räume aus der Zeit der Gotik, Zugbrücke, Fallgitter, ja sogar eine Folterkammer. Ein besonderes kunsthistorisches Juwel ist der im Originalzustand erhaltene gotische „Grüne Saal", in dem Rankenwerk die Wände überzieht.
An der Nordseite des Burgfelsens erhebt sich die kunsthistorisch bemerkenswerte St.-Zeno-Kapelle, die aus dem 14. Jahrhundert datiert.

Aus der Geschichte
In den Urkunden ist Reifenstein schon um das Jahr 1100 erwähnt. Zankapfel war die Burg in den Auseinandersetzungen zwischen den Tiroler Grafen und den Brixner Fürstbischöfen – wen wundert's, wenn man sich die Lage vor Augen führt:

Südtirol
Eisacktal

die Penser-Joch-Straße in Reichweite, die Brennerroute bestens im Blick: Wo ließe sich Macht erfolgversprechender ausüben! Den längeren Atem hatten die Tiroler Grafen, das sei noch erwähnt, doch lang genug war dieser Atem nicht, als dass er den „Verlust per Vertrag" hätte verhindern können. 1470 nämlich verkaufte Herzog Sigmund, der „Geldreiche" genannt und doch knapp bei Kasse, sein Bollwerk an den Deutschen Orden, der es besaß, ohne es wirklich zu schätzen. Als der napoleonische Sturm den Orden 1813 auflöste und die bayerische Besatzung über die Berge wehte, reichte letztere Reifenstein als Ausgleich für die Verstaatlichung des Postrechts an die Grafen Thurn und Taxis weiter – Hilfe unter Landsleuten auf Kosten Dritter. Vieles ordnete in der nachnapoleonischen Zeit der Wiener Kongress neu, die Besitzverhältnisse auf Reifenstein indes nicht, denn die Burg ist bis auf den heutigen Tag sozusagen in bayerischer Hand – was für das Bauwerk und seinen Erhaltungszustand nicht von Schaden war.

Erreichbarkeit
Vom Fuß des Burghügels erreicht man Reifenstein in wenigen Minuten zu Fuß.

Sehenswertes in der Umgebung
Es lohnt sich, die auf der jenseitigen Talseite auf einem Felsen thronende Burg Sprechenstein zu besuchen – das Innere der Anlage ist allerdings nicht zugänglich.
Wem der Sinn nach einem größeren Programm steht, für den ist das Bergbaumuseum in Ridnaun am Schneeberg sehr zu empfehlen. Dort findet sich die Erklärung dafür, weshalb das nahe Sterzing die Fugger angezogen und von ihrem Reichtum profitiert hat.

Was man sehen muss
- den gotischen Grünen Saal
- die getäfelte gotische Stube
- die archaische Burgküche
- die zahlreichen historischen Einrichtungsgegenstände
- die mittelalterliche Zisterne
- die St.-Zeno-Kapelle

TIPP

Bergbaumuseum Ridnaun

Eines der höchstgelegenen Bergwerke Europas und das am längsten fördernde im Alpenraum ist heute zum Besucherbergwerk ausgebaut. Die gesamte Struktur ist ein Bergwerk zum Anfassen, Erkunden und Erleben für Erwachsene und Kinder mit einem vielfältigen, auf unterschiedliche Interessensgruppen abgestimmten Führungsprogramm.

*Maiern 48
I-39040 Ridnaun
Tel. +39 0472 656364
www.bergbaumuseum.it
Geöffnet von April bis November täglich 9.30–16.30 Uhr
Montag Ruhetag*

25 Schloss Wolfsthurn
Baron von Sternbach verwirklicht seinen barocken Traum

Museum für Jagd und Fischerei Schloss Wolfsthurn
Kirchdorf 25
I-39040 Mareit-Ratschings
Tel. +39 0472 758121
www.wolfsthurn.it

Lage
Im Ridnauntal westlich über Mareit.

Anfahrt
Von Sterzing ins Ridnauntal nach Mareit, ca. 8 km.

Öffnungszeiten
1.4.–15.11. Dienstag–Samstag 9.30–17.30 Uhr. Sonn- und Feiertage (außer 1.11.) 13–17 Uhr. Montag geschlossen.

Was uns erwartet

Wolfsthurn hat als einziges vollständig barockes Schloss eine Ausnahmestellung unter den Südtiroler Adelssitzen. Was sich hier unter den Gletschergipfeln der Stubaier Alpen ebenso wuchtig wie elegant erhebt, wirkt wie vom Himmel gefallene reinste in Architektur gegossene Symmetrie. Seit 1996 ist in der prunkvollen Anlage das Südtiroler Jagd- und Fischereimuseum untergebracht, welches das erste Stockwerk des Baus für seine Schau beansprucht. Die zentrale Rolle spielt darin die im Land gejagte Fauna, die in anschaulichen Dioramen Aufstellung genommen hat. Daneben ist der Fokus auf die Jagd und Fischerei aus kulturhistorischer Perspektive gelegt. Also finden sich hier neben Jagdaccessoires wie Taschen und Pulverhörnern auch andere Gegenstände, die für ein Jagdvergnügen offenbar unverzichtbar waren: Schnupftabakdosen, Trinkgefäße und dergleichen mehr.

Im Stockwerk darüber geht es um die Geschichte des Schlosses Wolfsthurn selbst. Gezeigt werden zahlreiche Räume in ihrer ursprünglichen Ausstattung und, da die Einrichtung des Schlosses in der Barockzeit erfolgte, kann das nichts anderes bedeuten als: Prunk und Opulenz. Zu sehen, nein zu bestaunen, gibt es neben dem Mobiliar dezent in Pastelltönen gehaltenen Stuck, mit Jagdszenen bemalte Tapeten und einen Kristalllüster.

Südtirol
Eisacktal

Das Untergeschoss dient museumsdidaktischen Zwecken. Sehenswert sind auch das Äußere der Anlage und die Komposition der Fassaden. Und natürlich die Lage.

Aus der Geschichte

Wenn dies auch heute nicht mehr so aussieht: Wolfsthurn hat eine lange Geschichte, und diese beginnt mit dem Grundmotiv vieler Burgenbauten im Land: Eppaner gegen Tiroler Grafen. Anfang des 13. Jahrhunderts beginnt es mit Ersteren, aber schon 1242 ist Wolfsthurn tirolisches Lehen, das es bis ins 15. Jahrhundert auch bleibt. Danach wechselt der Besitz. 1725 dann kauft sich Franz Andreas von Sternbach hier ein, offenbar ein Mann der Tat: Er macht die alte Bausubstanz dem Erdboden gleich und verwirklicht an gleicher Stelle seinen barocken Traum. Kompromisse geht er dabei keine ein: In eineinhalb Jahrzehnten Bauzeit stellt er der Gletscherpracht der Stubaier Südseite ein elegantes und luftiges Ensemble zu Füßen, und auch wenn dieses nicht in die Südtiroler Burgenlandschaft mit ihren verschachtelten und ehrwürdigen alten Gemäuern zu passen scheint – in die Landschaft des Ridnauntals passt es sehr wohl.

Erreichbarkeit

Von Mareit aus erreicht man das Schloss über einen kurzen Fußweg (ca. 5 Minuten) oder auf einem etwa 1 km langen Wanderweg, der bereits als Teil des Museums konzipiert ist. Hier geht es um die Themen „Wald" und „Wasser".

Sehenswertes in der Umgebung

Das Ridnauntal ist eine Oase der Ruhe, die man nicht sogleich verlassen möchte. Das Sehenswerteste in dieser Gegend ist – die Landschaft.

Was man sehen muss

- das Jagd- und Fischereimuseum
- die original erhaltenen Räume des Schlosses
- sein barockes Interieur
- die Gesamtheit der Schlossanlage mit ihrem symmetrischen Aufbau aus einem Guss

TIPP

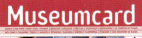

Die **Museumcard** bietet 20 % Rabatt beim Eintritt in die Landesmuseen. Wie? Beim Kauf einer vollen Eintritts- oder Familienkarte bekommen Sie die „Museumcard" geschenkt. Sie ist ein ganzes Jahr für alle Ausstellungen und Veranstaltungen gültig.
Infos: Tel. 0471 631033
www.landesmuseen.it

26 Schloss Rodenegg
Die Welt der Ritter als Wanddekoration

Schloss Rodenegg
Vill 1
I-39037 Rodeneck
Tel. +39 0472 454056

Lage
Auf einem Felssporn über der Rienz.

Anfahrt
Von Brixen über Mühlbach nach Rodeneck-Vill, ca. 15 km.

Öffnungszeiten
Geöffnet von 15.5. bis 15.10. Führungen täglich außer Montag um 11 und 15 Uhr; Gruppen nur nach Voranmeldung.
Im Winter geschlossen.

Was uns erwartet
Wie ein langer Kamm aus Mauerwerk und Türmen erstreckt sich Schloss Rodeneck über den schmalen Felsrücken, der südlich von Rodeneck und Vill über einer Rienzschleife steil emporragt. Kaum mehr als eine sehenswerte Burg also – wäre hier nicht 1973 im Palas der älteste profane Freskenzyklus im deutschen Sprachraum freigelegt worden. Als Iwein-Zyklus (entstanden um 1200) wurden die zwölf Szenen aus dem Versepos des Hartmann von Aue bekannt, eine sich von Bild zu Bild fortsetzende Geschichte des Ritters Iwein. Der zieht in die Welt hinaus, besteht Abenteuer, kämpft gegen den Zauberkönig Askalon. Dieser wird tödlich verletzt und stirbt in den Armen seiner Gemahlin Laudine. Iwein gerät in Gefangenschaft, aus der ihn die Kammerzofe Lunete erretten wird. In der trauernden Witwe keimt Liebe zu Iwein auf, doch der kehrt zu seinem früheren Leben zurück, ein Ritter eben … Wie mag diese Geschichte ausgehen? Das sei an dieser Stelle nicht verraten, nur so viel: Iwein durchläuft einen Reifungsprozess.

Aus der Geschichte
Um die Mitte des 12. Jahrhunderts erbauen die Herren von Rodank auf dem Felsen eine erste Burg, doch der Besitz wechselt zu den Grafen von Görz, später zu den Wolkensteinern, die die Anlage zu der Renaissancefestung erweitern, als die sie sich heute darstellt.

Erreichbarkeit
Von Rodeneck-Vill gelangt man zu Fuß in wenigen Minuten zum Schloss.

Sehenswertes in der Umgebung
Die Gruft der Wolkensteiner in der Kirche Mariä Himmelfahrt.

Südtirol
Eisacktal

27 **Ehrenburg**
Kiens

28 **Schloss Sonnenburg**
St. Lorenzen

29 **Ćiastel de Tor Museum Ladin**
St. Martin in Thurn

30 **Schloss Taufers**
Sand in Taufers

31 **Bergbaumuseum Kornkasten**
Steinhaus

32 **Ansitz Mair am Hof**
Bruneck-Dietenheim

33 **Schloss Welsberg**
Welsberg

Südtirol
Pustertal

27 Ehrenburg
Schritt für Schritt durch Jahrhunderte der Architekturgeschichte

Schloss Ehrenburg
I-39030 Kiens
Tel. +39 0474 565221

Lage
In Kiens am Fuß des Getzenbergs.

Anfahrt
Von Brixen auf der Pustertaler Staatsstraße, ca. 28 km.

Öffnungszeiten
Besichtigungen nur im Rahmen einer Führung: April, Mai, Oktober Mittwoch 15 Uhr; Juni, September 11 und 15 Uhr; Juli, August 11, 12, 15 und 16 Uhr.
Sonntag geschlossen. Im August auch Sonntag geöffnet.

Was uns erwartet

Die Ehrenburg umspannt in ihren Mauern acht Jahrhunderte Südtiroler Burgenbaugeschichte. Die frühesten Bauteile gehen auf die Romanik zurück, wie man an den Doppelbogenfenstern im dritten Stockwerk des Turms noch erkennen kann. Nach und nach entstanden Erweiterungen im Stil der Gotik, der Renaissance, des Barock und des Rokoko. Der in seinem Innern verschachtelte Komplex gliedert sich in zwei Bereiche: Der südliche Bau, an dem vorbei man ins Innere der Anlage gelangt, geht auf die Entstehungszeit zurück und ist im Wesentlichen unverändert geblieben, der Ostteil ist um 1700 entstanden und somit ein Werk des Barock.

Das Zentrum ist der Innenhof aus der Zeit der Renaissance mit seinen auf Granitsäulen ruhenden Rundbogenarkaden; er ist ein Werk von Lucio de Spacii („da Trento"), um 1520 entstanden und damit der älteste seiner Art in Tirol. Während derselben Bauphase entstanden die Ringmauern und die charakteristischen Eckrondelle.

Die Schauseite, wie sie auch das Bild oben zeigt, ist ein Werk des 18. Jahrhunderts. Unter Sebastian Graf Künigl, dem Bruder des zu dieser Zeit in Brixen regierenden Fürstbischofs, ist dieser Trakt entstanden. Auch ein großer Teil der Innenausstattung des Schlosses geht auf diese Zeit zurück. Im Bischofssaal, dem zentralen Raum im zweiten Stockwerk, werden

Südtirol
Pustertal

die Besucher von üppiger barocker, bereits an das Rokoko anklingender Raumausgestaltung empfangen, und das barocke Mobiliar ist noch vollständig erhalten und kann bestaunt werden. Zu danken ist dies der Besitzkontinuität, denn bis auf den heutigen Tag sind die Grafen Künigl die Hausherren in der Ehrenburg.

Aus der Geschichte

Erstmals Ende des 13. Jahrhunderts erwähnen die Urkunden die Familie der Künigl an diesem Ort. Die Ehrenburg ist in diesen Tagen eine kleine Anlage – aus dem 14. Jahrhundert ist uns gerade einmal ein einfacher Wohnturm überliefert, an den schon bald ein richtiger Wohntrakt angebaut wird. Als Ende des 15. Jahrhunderts venezianische und türkische Heere den Ostalpenraum unsicher machen, kommt es zum festungsartigen Ausbau, die Ehrenburg wappnet sich mit starken Wehrbauten. Doch die Gefahr zieht vorüber, ohne dass die Mauern ihre Tauglichkeit unter Beweis stellen müssen. Der Umbau zum Renaissanceschloss ist so etwas wie ein Aufatmen, das sich in Architektur niederschlägt …

Außerhalb der Anlage steht die ursprünglich gotische, später barockisierte Kirche mit der „Kornmutter", einem Wallfahrtsziel der Ahrntaler.

Erreichbarkeit

Zu empfehlen ist den Besuchern der Ehrenburg zur Einstimmung die etwa halbstündige Wanderung von Kiens zum Schloss.

Sehenswertes in der Umgebung

In der Kirche St. Sigmund in Kiens befindet sich ein Flügelaltar aus dem Jahr 1427.

Was man sehen muss

– die Burg von allen Seiten
– den Arkadenhof
– den Bischofssaal
– die barocke Innenausstattung und das Mobiliar
– die Kirche mit dem Gnadenbild der „Kornmutter"

TIPP

Gasthof Restaurant Obermair

Die erste schriftliche Erwähnung des Gasthofs Obermair geht ins Jahr 1318 zurück und er ist somit einer der ältesten Höfe der Umgebung. Seit 1860 verkehren Gäste im Gasthof Obermair und genießen die regionale und italienische Küche; die Küche ist vor allem bekannt für hausgemachte Nudelgerichte.

Ehrenburger Straße 38
I-39030 Kiens
Tel. +39 0474 565339
www.obermairhof.info
Ganzjährig geöffnet
Mittwoch Ruhetag

Bischofssaal

28 Schloss Sonnenburg
Mächtige Mauern als standesgemäße Wohnstatt – einst und heute

Schloss Sonnenburg mit Schlosshotel
I-39030 St. Lorenzen
Tel. +39 0474 479999
www.sonnenburg.com

Lage
Auf einem Felsvorsprung über der Rienz.

Anfahrt
Von Brixen auf der Pustertaler Staatsstraße bis kurz vor St. Lorenzen, ca. 31 km.

Öffnungszeiten
Ganzjährig.

Was uns erwartet
Gegenüber dem Eingang ins Gadertal erhebt sich die Sonnenburg auf einem Felsriegel über der Rienz. Reste mächtiger Mauern umgeben die Anlage, die wie ein weltliches Bollwerk wirkt – jedoch von 1039 bis zur Aufhebung 1785 im Zuge der josephinischen Reformen ein Nonnenkloster war. Klösterliche Einkehr indes war in der Mehrzahl der Fälle nicht der Grund für den Eintritt einer Novizin; vielmehr diente die Einrichtung – auf einen einfachen Nenner gebracht – der standesgemäßen Versorgung überzähliger und nicht zu verheiratender Töchter aus dem Adelsstand. Demzufolge war es angemessen, dass die Gesellschaft den Nonnen als Gegenleistung die *„kostbare Freiheit des Lufts und des menschlichen Umganges"* gewährte. Jedenfalls, der Anschein von Wehrhaftigkeit der Mauern trügt nicht und die Befolgung der benediktinischen Regel war nicht die einzige Bestimmung der Sonnenburg, jahrhundertelang beherrschte das Kloster von hier aus große Teile des Abteitals, das davon seinen Namen hat. Seit einigen Jahrzehnten nützt – und pflegt! – ein Hotelbetrieb die historischen Mauern.

Südtirol
Pustertal

Aus der Geschichte
Die Gegend um St. Lorenzen ist uraltes Siedlungsgebiet. Gerätschaften aus der Steinzeit wurden hier gefunden und die Römersiedlung Sebatum lag in unmittelbarer Nähe.

Aus der Geschichte des Klosters hat es ein Ereignis zu größerer Bekanntheit gebracht. Der Brixner Bischof Nikolaus Cusanus, bekannter Kirchenreformer und vom Papst eingesetzt, ging Mitte des 15. Jahrhunderts daran, die Sonderstellung der Benediktinerinnen zu beschneiden – sowohl, was die nicht über jeden Zweifel erhabenen klösterlichen Sitten, als auch, was den weltlichen Einfluss des Klosters auf der Sonnenburg betraf. Als Verena von Stuben, die Äbtissin, den Gehorsam verweigert, verhängt der strenge Kirchenmann den Bann über sie. Doch die ebenso selbst- wie machtbewusste Frau gibt, mit der Rückendeckung des Landesherrn Herzog Sigmund, nicht klein bei, heuert eine Schar Söldner an und geht daran, im Gadertal ausstehende Grundzinse einzutreiben. Die Auseinandersetzung eskaliert, Kanonendonner ersetzt die Argumente – auch diese Sprache beherrschte die Kirche ... Der Äbtissin war damit allerdings nicht geholfen, ihre Absetzung war der Preis für die letztliche Beilegung des Streits.

Erreichbarkeit
Wer sein Fahrzeug nicht auf dem Hotelparkplatz abstellt, kann von St. Lorenzen eine kurze Wanderung zur Sonnenburg unternehmen.

Sehenswertes in der Umgebung
Wer nach dem Besuch der Sonnenburg noch etwas unternehmen will oder während eines Aufenthalts im Schlosshotel einen kleinen Zeitvertreib sucht, der kann sich ein wenig im nahegelegenen malerischen Weiler Sonnenburg umsehen. Sehenswert ist dort die Kapelle St. Johann im Spital. Das daneben stehende schöne Bauernhaus war früher die Herberge an der hier durchziehenden Pustertaler Straße.

Was man sehen muss
- die Anlage in ihrer Gesamtheit
- die Krypta mit den Fresken aus der Gründungszeit des Klosters
- den 37 m tiefen historischen Ziehbrunnen
- die Apothekengärten an der südlichen Burgmauer
- den nahen Weiler Sonnenburg mit dem Ansitz Hebenstreit und der Kirche St. Johann im Spital

TIPP

Antiquarium Sebatum

Im Sommer 2008 wurde das Antiquarium in das neue Gemeindehaus von St. Lorenzen übertragen und neu eingerichtet: Die Ausstellung befindet sich im Eingangsbereich des Rathauses: archäologische Funde und multimediale Präsentationen der Archäologie in St. Lorenzen.

Franz-Hellweger-Platz 2
I-39030 St. Lorenzen
Tel. +39 0474 470510
www.sebatum.it
Montag bis Freitag 8–12.30 Uhr

29 Ćiastel de Tor Museum Ladin
Ein stattliches Schloss für die ladinische Identität

Museum Ladin Ćiastel de Tor
Torstraße 65
I-39030 St. Martin in Thurn
Tel. +39 0474 524020
www.museumladin.it

Lage
In St. Martin in Thurn (Gadertal).

Anfahrt
Von Brixen durchs Pustertal, am Anfang des Gadertales, ca. 46 km.

Öffnungszeiten
26.12. bis Palmsonntag Mittwoch, Donnerstag, Freitag 14–18 Uhr.
Palmsonntag bis 31.10.
Dienstag–Samstag 10–18 Uhr, Sonntag 14–18 Uhr.
Montag Ruhetag (im August auch montags 10–18 Uhr geöffnet).

Was uns erwartet

Das Schloss von Thurn an der Gader ist ein Glücksfall für die Südtiroler und ladinische Museumslandschaft, bietet es doch einen authentischen Rahmen für diese einzigartige Schau der Kultur der 30 000 Ladiner. Diese ist gleichermaßen geprägt von der herrlichen Landschaft der umliegenden Dolomitentäler und Bergmassive und von der gemeinsamen Sprache, die das Volk verbindet.
Natürlich ist auch das Gebäude selbst ein Teil dieser Kultur, denn es war jahrhundertelang Zentrum des Gerichts „Thurn an der Gader".
Die Ausstellung macht anschaulich, was das bedeutet: ladinische Kultur.

Thematisch ist das Museum in mehrere Bereiche gegliedert.
Geschichte Ladiniens. Hierbei geht es um „Fürsten, Richter, Untertanen", die Geschichte von externer Obrigkeit und der Pflicht zum Gehorsam ihr gegenüber.
Charakteristisch sind die über die Bergflanken verteilten „Viles", uralte Weiler mit gemeinschaftlicher Bewirtschaftung der landwirtschaftlichen Nutzflächen.
Die Ladinische Sprache. Sie ist es, die im eigentlichen Sinn die Identität eines – und speziell dieses – Volkes ausmacht. Dokumentiert wird die Geschichte des Ladinischen, und es gibt dazu ein Sprachlabor.

Südtirol
Pustertal

Die Archäologie im Dolomitengebiet. Was wissen wir über die Besiedlung der Dolomiten? Das Museum gibt darüber ebenso Aufschluss wie über die ersten Spuren, die wir von steinzeitlichen Jägern haben, und sie führen zehn Jahrtausende in die Vergangenheit. Auch Sotćiastel, die bronzezeitliche Siedlung aus dem 2. Jahrtausend vor unserer Zeit, wird behandelt, ebenso das Volk der Räter.

Die Geologie der Dolomiten. Hier begegnen wir Déodat de Dolomieu, dem die Dolomiten ihren Namen verdanken, und Fossilien verraten uns, welche Wesen vor Jahrmillionen hier gelebt haben.

Tourismus und Wirtschaft. Seit dem 19. Jahrhundert die Kernbereiche der Erwerbstätigkeit in Ladinien.

Kunsthandwerk. Ladinien ist bekannt für seine kunsthandwerkliche Tradition, gleichgültig, ob es um Spielzeug geht, um Tischlerei auf hohem Niveau oder um Silberfiligrankunst. Auch dies zeigt das Museum Ladin.

Aus der Geschichte

Als frühestes Bauwerk am Ort ist aus dem Jahr 1230 ein dreigeschossiger Wohnturm überliefert. „turris in Geder" nennt eine Urkunde von 1290 dieses Lehen der Brixner Bischöfe. Im frühen 16. Jahrhundert wird der Bau, der zwischenzeitlich sogar als Getreidespeicher gedient hatte, vergrößert. Die Umfassungsmauer erhält ihre zwei Rundtürme, der romanische Palas wird erweitert. 1803 geht das Schloss in den Besitz zweier Bauernfamilien über, die ihn bewohnt, bis das Land Südtirol ihn 1996 mit dem Ziel kauft, das Museum einzurichten.

Erreichbarkeit
Parkmöglichkeiten direkt am Schloss.

Sehenswertes in der Umgebung
Im Campiller Tal stehen entlang eines Spazierweges acht historische, liebevoll restaurierte Mühlen (die erste kann besichtigt werden), Zeugen einer vergangenen bergbäuerlichen Arbeitswelt.

Was man sehen muss
- das historische Schloss mit dem Museum Ladin
- im Innenhof des Schlosses und im modernen Verwaltungsgebäude finden stets wechselnde Ausstellungen und andere Veranstaltungen, wie z. B. Konzerte, statt

TIPP

Die **Museumcard** bietet 20 % Rabatt beim Eintritt in die Landesmuseen. Wie? Beim Kauf einer vollen Eintritts- oder Familienkarte bekommen Sie die „Museumcard" geschenkt. Sie ist ein ganzes Jahr für alle Ausstellungen und Veranstaltungen gültig.

Infos: Tel. 0471 631233
www.landesmuseen.it

30 Schloss Taufers
Machtdemonstration und adelige Wohnkultur

Schloss Taufers
I-39032 Sand in Taufers
Tel. +39 0474 678053

Lage
Auf einem Felsriegel über Sand in Taufers.

Anfahrt
Von Bruneck auf der Tauferer Staatsstraße bis Sand, ca. 15 km.

Öffnungszeiten
finden sich detailliert auf der Internetseite des Südtiroler Burgeninstitus aufgelistet:
www.burgeninstitut.com/int.php?ref=orari2

Was uns erwartet
Taufers: Burg oder Schloss? Ein wuchtiger, wehrhafter mehrtürmiger Baukörper (Burg) beherrscht mit seiner ausgesprochen eleganten Silhouette (Schloss) den Eingang des Ahrntals im Nordwesten von Sand in Taufers und den Tauferer Talboden im Süden. Über allem thronen die Gletschergipfel des Zillertaler Hauptkamms.

Apropos Silhouette: Das Mauerwerk des Bergfrieds lässt erkennen, dass man hatte nachhelfen müssen, um dem Gebäude die ursprüngliche Form wieder geben zu können – jahrhundertelang war er eine Ruine, 1971 erst wurde er wieder aufgebaut. Der Bau als Ganzes ist nach mehreren Restaurierungsanstrengungen seit 1903 heute in einem hervorragenden Zustand, schließlich ist ja das Südtiroler Burgeninstitut seit 1977 der Besitzer.

Taufers aber ist nicht nur Burg und Schloss in einem, es vereint auch sonst mehrere Funktionen, worauf Martin Schweiggl einmal hingewiesen hat:

Die Burg als Attraktion, als Magnet für jährlich über 100 000 Besucher.
Die Burg als Machtdemonstration – da reicht der Hinweis auf die Lage in Verbindung mit dem schier unangreifbar wuchtigen Baukörper.
Die Burg als Herrensitz. – Nun, um das zu erkennen, müssen wir uns ins Innere begeben und feststellen,

Südtirol
Pustertal

dass uns ein herrlich ausgestattetes Raumgefüge erwartet. Allein mit 24 kostbar getäfelten Räumen wartet der Bau auf, dazu mit einer barocken Bibliothek, einem Gerichtssaal, mit zahlreichen Gemälden von unter anderem 23 Kindern aus den Adelshäusern des Landes, die hier in einer Art Eliteschule erzogen worden sind, früh gealtert offenbar unter Strenge und hohen Erwartungen …
Und als Kontrast zur wohnlichen Eleganz wieder die dunkle Seite: Rüstkammer, Verlies, Folterkammer. „Sicher ist sicher!", scheint man sich gesagt zu haben.
Als Herr auf Taufers war man nicht nur Macht-, sondern auch Christenmensch, und das zeigte man etwa, indem man für die Burgkapelle bei einem Maler der Pacherschule einen großartigen Freskenschmuck in Auftrag gab. Das war zu einer Zeit, als die Grafen von Görz-Tirol für ein Vierteljahrhundert von den Brixner Fürstbischöfen verdrängt worden waren.
Danach folgen Besitzerwechsel, und 1903 ist von ausgedehntem Verfall die Rede.

Aus der Geschichte

Die Entstehung von Taufers fällt ins 13. Jahrhundert, der gotische Trakt mit den nach Süden ausgerichteten Wohnbereichen kommt um 1500 hinzu. Es ist dies auch die Zeit der Befestigung: Geschützrondelle, Schießscharten auf allen Seiten, Gusserker für den angemessenen Empfang von „Feinden", die es nie bis ins Innere der Festung schaffen sollten – und es dorthin auch tatsächlich nicht geschafft haben.

Erreichbarkeit
Man gelangt auf einem etwa 20-minütigen Spaziergang von Sand in Taufers zur Burg.

Sehenswertes in der Umgebung
Östlich von Sand in Taufers liegt der Weiler Bad Winkel. Hier beginnt eine etwa einstündige Wanderung zu den spektakulären Reinbachfällen und auf dem „Franziskusweg" zur Ruine Kofel.

Was man sehen muss
– die Gesamtansicht der Burg in der großartigen Landschaft
– die kostbare Einrichtung
– die Burgkapelle mit dem romanischen Kruzifix und den Fresken aus der Pacherschule
– die Bibliothek
– den Gerichtssaal
– die Gemäldesammlung

31 Bergbaumuseum Kornkasten
Auf den Spuren der Knappen

Südtiroler Bergbaumuseum im Kornkasten
Steinhaus 99
I-39030 Steinhaus
Tel. +39 0474 651043
www.bergbaumuseum.it

Lage
Das Museum befindet sich im Ort.

Anfahrt
Von Bruneck auf der Staatsstraße ins Tauferer Ahrntal bis Steinhaus, ca. 27 km.

Öffnungszeiten
Diese finden sich detailliert auf der Internetseite unter
www.bergbaumuseum.it

Was uns erwartet
Das elegante, schlanke Gebäude, in dem im Jahr 2000 das Steinhauser Bergbaumuseum eröffnet wurde, ist ein Werk des Barock, entstanden im Jahr 1700. Seine ursprüngliche Funktion war die eines Lebensmittelspeichers für das Prettauer Kupferbergwerk, das seit Mitte des 15. Jahrhunderts von Steinhaus aus verwaltet wurde.
In den drei Stockwerken ist nun eine Schau auf hohem Niveau entstanden, mit einer modernen didaktischen Konzeption, teils interaktiv und unter Einsatz auch elektronischer Medien. Die Präsentation ist durch die beiden Themenschwerpunkte des Erzgewinnungs- und Verarbeitungsablaufs einerseits und der sozialen Aspekte des Bergbaus andererseits vorgegeben. Kernstück der Ausstellung sind die Stücke der Sammlung Enzenberg, überwiegend bergbaukundliche Holzmodelle, mit denen im 2. und 3. Stockwerk 12 Arbeitsbereiche exemplarisch dargestellt werden. (Graf Enzenberg war der letzte Besitzer des Prettauer Bergwerks bis zu seiner Schließung im Jahr 1893.)
Das didaktische Glanzstück des Museums ist die „virtuelle Wunderkammer". Hier dienen drei PC-Arbeitsplätze als eine Art Vergrößerungsglas: Per Mausklick lassen sich die Exponate der Enzenberg-Sammlung genau unter die Lupe nehmen und mit Hintergrundinformationen

Südtirol
Pustertal

ergänzen. Der Rundgang am Bildschirm beansprucht, wenn man sich das gesamte Material anzeigen lässt, allein 2 Stunden.

Zum Museum gehört auch ein Parcours, auf dem eine Verbindung der Landschaft mit verschiedenen Kunstformen hergestellt wird.

Aus der Geschichte

Wie lange die Ahrntaler Bergbautradition in die Vergangenheit zurückreicht, ist nicht genau bekannt. Die erste urkundliche Erwähnung des Prettauer Bergwerks erfolgte 1426. Jedoch fand sich in der Gegend eine Streitaxt aus der Bronzezeit, also aus dem 2. Jahrtausend vor unserer Zeit, und somit können wir davon ausgehen, dass der Abbau des hochwertigen Kupfers bereits sehr früh betrieben worden ist.

Seine Blüte erlebte der Bergbau im Ahrntal zu Anfang des 15. Jahrhunderts. 1485 ging das Prettauer Bergwerk in den Besitz des Landesfürsten über, doch ein Niedergang, insbesondere in den Zeiten um den Dreißigjährigen Krieg, war damit nicht aufzuhalten. Weitere Besitzerwechsel folgten, ehe 1831 Graf Enzenberg durch Erbschaft in den Besitz der Anlagen kam. Nach der Schließung Ende des 19. Jahrhunderts setzte die Produktion zwischen 1957 und 1971 noch einmal kurz ein – jedoch ohne Zukunftsperspektive.

Erreichbarkeit

Parkmöglichkeiten sind in der Nähe des Museums vorhanden.

Sehenswertes in der Umgebung

Das Schaubergwerk in Prettau ergänzt die Präsentation im Kornkasten. Hier kann man vor Ort einen guten Eindruck von den tatsächlichen Arbeitsbedingungen der Bergleute gewinnen.

Was man sehen muss

– den Rundgang durch die 500-jährige Ahrntaler Bergbaugeschichte
– die Holzmodelle der Sammlung Enzenberg
– die „virtuelle Wunderkammer"
– den Museumsparcours

TIPP

Klimastollen Prettau

Erwachsene und Kinder mit Atemwegsproblemen finden im stillgelegten Bergwerksstollen ein nahezu allergen- und staubfreies Mikroklima vor. Die eingeatmete kühle Luft wird in den Lungenbläschen auf Körpertemperatur erwärmt. Da wärmere Luft mehr Wasser aufnimmt, lässt sie die Lungenschleimhaut abschwellen und befreit die Atemwege.

Hörmanngasse 38/a
I-39030 Prettau/Ahrntal
Tel. +39 0474 654523
www.ich-atme.com
Geöffnet vom 1. April bis 31. Oktober
Anmeldung erforderlich

32 Ansitz Mair am Hof Dietenheim
Volkskundemuseum: Zu Besuch in der Welt der Vorfahren

Volkskundemuseum Dietenheim
Herzog-Diet-Straße 24
I-39031 Bruneck-Dietenheim
Tel. +39 0474 552087
www.volkskundemuseum.it

Lage
Im Brunecker Ortsteil Dietenheim.

Anfahrt
Vom Brunecker Zentrum ca. 2 km.

Öffnungszeiten
Von Ostermontag bis 31.10.
Dienstag–Samstag 9.30–17.30 Uhr; Sonn- und Feiertage 14–18 Uhr;
August: Montag–Samstag 9.30–18.30 Uhr; Sonn- und Feiertage 14–19 Uhr

Was uns erwartet

Jeder, der sich vom traditionellen Südtiroler Leben ein eigenes Bild machen will, wird den Besuch im Dietenheimer Volkskundemuseum zu schätzen wissen. Dieses steht im Ruf, eines der bedeutendsten und ansprechendsten Freilichtmuseen ganz Europas zu sein. Seit 1976 werden auf dem vier Hektar großen Areal die traditionellen Südtiroler Wirtschafts- und Wohnformen dokumentiert. Die Anlage macht deutlich, was unter einem „begehbaren Museum" zu verstehen ist: Die Besucher spazieren durch ein Freigelände, auf dem verschiedene alte Bauernhäuser neben Handwerksstätten stehen, die an anderer Stelle im Land abgebaut und hier wieder aufgestellt wurden. Zwischen den Gebäuden sind Bauerngärten und Äcker angelegt, auf den Weiden werden die traditionellen Haus- und Nutztiere gezeigt.

Auf diese Weise entsteht ein exakter Eindruck von den Wohn-, Arbeits- und Lebensformen unserer Vorfahren, ein Panorama der bäuerlichen Kultur und des Nebeneinanders von Oberschicht und „kleinen Leuten" – Sozialgeschichte im (aufmerksamen) Vorbeigehen.

Oberschicht? Ja, auch die ist hier vertreten, denn der imposante Ansitz Mair am Hof bildet das Zentrum der Anlage, in ihm sind verschiedene Sammlungen zur Volksfrömmigkeit und zur Volkskunst untergebracht, so etwa Sammlungen von Zithern oder Pfeifen. Auch historische Kutschen finden sich, daneben allerlei landwirtschaftliches Gerät. Eine besondere Sehenswürdigkeit ist der ehemalige Küchengarten des Ansitzes,

Südtirol
Pustertal

Was man sehen muss

- den Ansitz Mair am Hof, das Zentrum des Museums
- die Ausstellungen im Ansitz
- die zahlreichen historischen Wohn- und Wirtschaftsgebäude, die von ihren ursprünglichen Standorten hierher versetzt worden sind
- die Bauerngärten und den Barockgarten

jetzt im Stil eines Barockgartens angelegt. Das Volkskundemuseum besitzt überdies zwei bedeutende Fotosammlungen von Hugo Atzwanger (1883–1960) und Erika Groth-Schmachtenberger (1906–1992). Zum Volkskundemuseum gehören auch das Museumsgasthaus, das landestypische Gerichte anbietet, sowie der Museumsladen, in dem neben regionalen Produkten eine große Auswahl an weiterführender Literatur angeboten wird.

Aus der Geschichte
Der Ansitz Mair am Hof ist ein typischer Adelssitz aus der Zeit des Barock. Erbauen ließ ihn Anton Wenzl von Sternbach im letzten Jahrzehnt des 17. Jahrhunderts, doch wechselten in der Folgezeit mehrmals die Besitzer. Auch eine Schule war in den Mauern eine Zeit lang untergebracht.

Erreichbarkeit
Das Museum verfügt über ausreichend Parkmöglichkeiten.

Sehenswertes in der Umgebung
Ein sehenswertes und nahegelegenes Ziel ist die gut erhaltene Brunecker Burg auf einem Hügel über der Stadt, mit der sie durch eine Mauer verbunden ist.

TIPP

Ostereiersuchen

Das Volkskundemuseum eröffnet seine Saison jährlich am Ostermontag mit einem Ostereiersuchen für die ganze Familie. Rund 700 von Hand verzierte Ostereier werden im Freigelände des Museums versteckt. Alt und Jung sind herzlich zum Suchen eingeladen.

Landesmuseum für Volkskunde
Herzog-Diet-Straße 24
I-39031 Dietenheim bei Bruneck
Tel. +39 0474 552087
www.volkskundemuseum.it

33 Schloss Welsperg
Südtirols höchster Burgturm

Schloss Welsperg
I-39035 Welsberg
Tel. +39 0474 944118
www.schlosswelsperg.com

Lage
Auf einem Hügel am Ausgang des Gsieser Tals, umgeben von Wald.

Anfahrt
Von Bruneck auf der Pustertaler Staatsstraße bis Welsberg, ca. 18 km.

Öffnungszeiten
Besichtigungen vom 1.7. bis 26.9. Die exakten Öffnungszeiten finden sich im Internet unter www.schlosswelsperg.com

Was uns erwartet
Welsperg, das sich auf einem steilen, bewaldeten Felsriff erhebt, ist eine der Burganlagen, deren Bild sich dem Betrachter schon auf den ersten Blick einprägen wird: Ein gewaltiger, 40 m hoher Bergfried – der höchste aller Südtiroler Burgen – ragt wie ein Glockenturm über den wuchtigen Palas empor, man denkt unwillkürlich eher an eine Kirche als an eine mittelalterliche Verteidigungsanlage.

Aus der Geschichte
Der Bergfried ist nicht nur der charakteristischste, sondern auch der älteste Teil der Burg. Er entstand in eineinhalb Jahrzehnte langer Bauzeit in der ersten Hälfte des 12. Jahrhunderts. Seine heutige Ausdehnung erhielt Welsperg in der Zeit der Renaissance, als man die ursprüngliche Anlage erweiterte und befestigte. 1765 wird der Bau durch einen Brand stark in Mitleidenschaft gezogen und danach nur noch notdürftig instand gesetzt, der Palas büßte dabei sein oberes Stockwerk ein.
Ein Kuriosum in der Geschichte von Welsperg ist der Bericht von der Hochzeit des Herzogs Sigmund IV., zu der gekrönte Häupter Europas Glückwunschboten schickten und zu der nicht weniger als 3600 Gäste geladen gewesen sein sollen – es war kein Niemand, der hier wohnte …

Erreichbarkeit
Von der Ortschaft Welsberg zur Burg ist es ein Spaziergang von kaum einer halben Stunde.

Sehenswertes in der Umgebung
Lohnend ist der Ausflug zur Burgruine Thurn auf der rechten Seite des Gsieser Bachs. Thurn brannte am selben Tag des Jahres 1765 nieder wie Welsperg. Zufall?

Südtirol
Pustertal

34 Burg Heinfels
Heinfels

35 Schloss Lengberg
Nikolsdorf

36 Liebburg
Lienz

37 Schloss Bruck
Lienz

38 Schloss Weißenstein
Matrei in Osttirol

39 Burgruine Rabenstein
Virgen

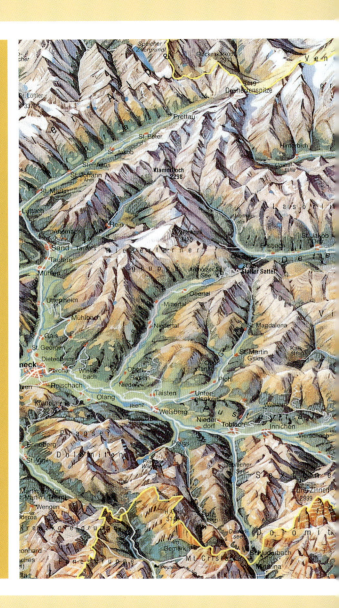

Osttirol

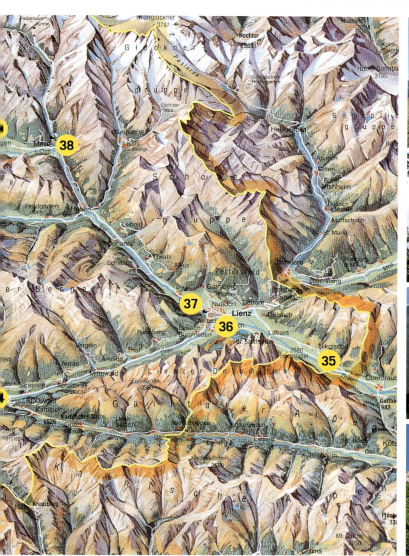

34 Burg Heinfels
Wächter über dem Pustertal

Burg Heinfels
Panzendorf 126
A-9920 Heinfels
Tel. +43 (0)4842 6326
www.heinfels.at

Lage
Nördlich von Panzendorf bei Sillian, 27 km westlich von Lienz, Bundesstraße 100.

Öffnungszeiten
Die Burg ist in Privatbesitz und öffentlich nicht zugänglich, es gibt auch keine Führungen. Die beiden Kirchen in Strassen sind mit dem Auto erreichbar und tagsüber grundsätzlich geöffnet.

Was uns erwartet
Auf der nördlichen Talseite bei Panzendorf nahe Sillian krönt die ausgedehnte Burganlage von Heinfels einen Hügel. Von dieser strategisch günstigen Stelle konnten das Pustertal sowie das gegenüber mündende Kartitscher Tal beherrscht werden. Gekennzeichnet ist die Burg von zinnenbewehrten Mauern, runden und eckigen Türmen, einem mächtigen Bergfried, Wohngebäuden und verschiedenen Zwingeranlagen. Da die heutige Burg zu unterschiedlichen Zeiten entstand, ergibt sich eine unregelmäßige Form. Der älteste Teil wurde als Hochburg auf der Felskuppe errichtet und bestand aus dem Bergfried und dem westlich anschließenden Wohnturm. In seinem Westtrakt befand sich die Laurentiuskapelle, die mit schönen Fresken geschmückt war. Der weitere Ausbau geht auf die Görzer Grafen zurück, die einen Mittelhof anlegen ließen. Aus der Zeit vor 1500 stammt der etwas tiefer liegende Westteil. Die weitläufigen Zwingeranlagen an der Süd- und Ostseite mit ihren Toren, Türmen und Schießscharten entstanden um 1500.

Aus der Geschichte
Der Sage nach soll Heinfels von den Hunnen erbaut worden sein, doch ist die Burg erst 1243 urkundlich nachweisbar. Noch im 13. Jahrhundert bauten die Grafen von Görz sie zu einem bedeutenden Stützpunkt aus. Heinfels wurde auch Sitz des Richters. Vor allem der Görzer Graf Heinrich IV. zog sich hier gerne von seiner zänkischen Gattin zurück. Sie ließ die Burg belagern und ihr Gatte starb dort als ihr Gefangener. 1500 fiel die Burg an Kaiser Maximilian I.

Osttirol

Es folgten mehrere Besitzer, so etwa der Bischof von Brixen oder die Herren von Wolkenstein-Trostburg. 1976 erwarb ein Wiener Rechtsanwalt die Anlage, ehe sie 2005 in den Besitz der Industriellenfamilie Loacker überging.

Erreichbarkeit

Burg Heinfels ist von der Bundesstraße 100 vom Pustertal aus zu Fuß in wenigen Minuten zu erreichen.

Sehenswertes in der Umgebung

Wenige Kilometer östlich von Heinfels ist in Strassen der Besuch von zwei Kirchen zu empfehlen. Neben der Bundesstraße fällt ein Zentralbau auf, die um 1765 errichtete Filialkirche zur Heiligsten Dreifaltigkeit. Das Innere ist mit Fresken des Brixner Hofmalers Franz Anton Zeiller geschmückt, die Szenen aus dem Leben des Jesuitenmissionars Franz Xaver sowie der Muttergottes und Szenen aus dem Alten Testament darstellen. Das Hochaltarbild zeigt die Krönung Mariens.

Auf der nördlichen Talseite steht die spätgotische Pfarrkirche zum hl. Apostel Jakobus dem Älteren aus der Zeit um 1455. Der Freskenzyklus im Chor ist ein Werk des Leonhard von Brixen und zeigt unter anderem Szenen aus der Kindheit und der Passion Christi sowie die Werke der Barmherzigkeit.

Was man sehen muss

- weit ausgedehnte Burganlage
- runde und eckige Türme
- zinnenbewehrte Mauern
- 38 Schießscharten
- Sturmpfähle gegen das Anlegen von Leitern
- Ausblick auf das Pustertal
- Kirche zur Allerheiligsten Dreifaltigkeit in Strassen
- spätgotische Kirche zum hl. Jakobus in Strassen

Burg Heinfels

35 Schloss Lengberg
Neues Leben in alten Mauern

Schloss Lengberg
Lengberg 1; A-9782 Nikolsdorf
Tel. +43 (0)4858 8206
www.aufbauwerk.com

Lage
Nikolsdorf in Osttirol.

Öffnungszeiten
Nicht zu besichtigen.

Aguntum – Stadt, Archäologischer Park, Museum: Mitte April bis 31. Mai: Montag bis Samstag 9.30–16 Uhr; 1. Juni bis Mitte September täglich 9.30–18 Uhr; Mitte September bis 26. Oktober täglich 9.30–16 Uhr,
Tel. +43 (0)4852 61550,
www.aguntum.info

Was uns erwartet
Nahe der Kärntner Grenze liegt der Osttiroler Ort Nikolsdorf. Auf einem kleinen Hügel an der Nordseite des Drautals ist das gut erhaltene Schloss Lengberg zu finden, aus einer mittelalterlichen Burganlage erwachsen. Die Anlage ist einfach gestaltet, weist einen Palas, ohne Bergfried, mit Zwinger, einen malerischen Hof mit hohen Mauern und einen Wehrgang auf. Lengberg ist im Besitz des Landes Tirol, das es dem Aufbauwerk der Jugend zu Verfügung stellt. Es wurde zweckmäßig umgebaut, erhielt eine neue Kapelle und wird heute vor allem von Jugendlichen mit besonderem Förderbedarf genutzt: Berufsvorbereitung und Praktisches Training, Integrationsassistenz, Lebenspraktisches Training, Wohn- und Freizeittraining etc. Derzeit (2008) wird Lengberg weitläufig modernisiert.

Aus der Geschichte
Die ursprünglich kleine romanische Burg entstand im 12. Jahrhundert durch die bayerischen Grafen von Lechsgemünd, kam 1212 an das Salzburger Erzbistum, mit dem sie bis 1803 verbunden blieb. Allerdings hatten die Erzbischöfe große Probleme, sich in verschiedenen Hoheitsrechten gegen die Tiroler Landesfürsten durchzusetzen. Lengberg war Sitz des Richters. Um 1480 erfolgte der Umbau von der wehrhaften Burg zur schlossähnlichen

Osttirol

Anlage. 1690 richteten Erdbeben große Schäden an. Mit der Verlegung des Richtersitzes ins Tal im Jahre 1773 verlor Lengberg an Bedeutung und begann zu verfallen. Es folgten mehrere Besitzer, bis 1955 das Land Tirol die Anlage kaufte.

Erreichbarkeit

Schloss Lengberg kann mit dem Auto gut erreicht werden. Auf der nördlichen Talseite führt eine Straße durch Nikolsdorf am Schloss vorbei. Die Hauptstraße (Bundesstraße 100, E 66) hingegen verläuft an der südlichen Talseite.

Sehenswertes in der Umgebung

Einige Kilometer östlich von Lienz in der Gemeinde Dölsach liegen die Ruinen der Römerstadt Aguntum, der einzigen römischen Stadt auf heutigem Tiroler Boden. 46 n. Chr. erhielt die Siedlung das Stadtrecht verliehen. Grundlage für den Wohlstand war vor allem der Handel mit Metallen, Holz, Vieh und Käse. Die Siedlung lag verkehrsgünstig am Schnittpunkt der Drautalstraße mit dem Iselsberg. Im Zuge der Einfälle der Westgoten im 5. Jahrhundert hatte Aguntum arg zu leiden. Gegen 610 wurde die Stadt durch die Slawen, welche die Bajuwaren bei Aguntum vernichtend schlugen, endgültig zerstört. Heute kann man die Ruinen der Stadtmauer, eines Atriumhauses, einer Therme und eines Handwerksviertels sowie zahlreiche Fundstücke im Museum besichtigen.

Was man sehen muss

- gut erhaltene burgähnliche Schlossanlage
- Ausblick auf das Drautal
- Innenhof mit Gebäuden
- Reste der Römerstadt Aguntum
- Museum von Aguntum
- Einblick in das Leben der alten Römer

Ruinen der einstigen Römerstadt Aguntum

36 Liebburg
Adeliger Stadtsitz am Hauptplatz

Liebburg
Stadtgemeinde Lienz
Hauptplatz
A-9900 Lienz
Tel. +43 (0)4852 600 (Vermittlung)
www.stadt-lienz.at

Lage
Im Zentrum von Lienz am Hauptplatz.

Öffnungszeiten
Während der Amtsstunden Besichtigung auch innen möglich, doch wenig ergiebig.

Was uns erwartet
Am großen Stadtplatz von Lienz steht herrschaftlich der ehemalige Edelsitz Liebburg, Rathaus und auch Wahrzeichen der Stadt. Heute sind dort das Büro des Bürgermeisters und verschiedene Ämter untergebracht. Das schlossartige Gebäude ist viergeschossig mit zwei für die Renaissance typischen Rundtürmen mit barocken Zwiebelhauben. Über dem Renaissanceportal findet sich noch das Wappen der Freiherren von Wolkenstein-Rodenegg als ehemalige Besitzer. Das Innere wurde 1985 völlig umgestaltet. So wurde der zweigeschossige Festsaal unterteilt und das Stiegenhaus umgebaut. An den alten Ansitz erinnert nur mehr der durchgehende gewölbte Mittelflur im Erdgeschoss.

Osttirol

Bei der Umgestaltung zum Rathaus wurde das Innere fast völlig entkernt, zwischen den einzelnen Geschossen wurden neue Stahlbetondecken eingezogen.

Aus der Geschichte

Die Liebburg wurde 1605–1608 von den Freiherren Grafen von Wolkenstein-Rodenegg erbaut, da ihnen ihr Wohnsitz auf Schloss Bruck zu ungemütlich erschien. Schon 1609 jedoch zerstörte der große Stadtbrand von Lienz das Gebäude. Nach dem Wiederaufbau war die Liebburg nach den Wolkensteinern im Besitz der Haller Stiftsdamen, denen die Herrschaft Lienz einige Zeit gehörte. Nach einem neuerlichen Brand wurde die Burg um 1725 barock umgestaltet. Um 1800 war hier ein Gymnasium untergebracht, später stand das Gebäude für militärische Zwecke und als Lazarett zur Verfügung. 1895 wurde es Amtsgebäude, zunächst Bezirkshauptmannschaft und ab 1988 Rathaus.

Erreichbarkeit

Im Zentrum von Lienz am Hauptplatz.

Sehenswertes in der Umgebung

Die Stadt Lienz liegt am Kreuzungspunkt von Puster- und Iseltal und ist somit ein Verkehrsknotenpunkt zwischen Kärnten, Südtirol und Salzburg. Ende des 12. Jahrhunderts entstand im Talboden das Burgum „Lienz" in der Form des heutigen Hauptplatzes mit Stadtmauer und Stadtgraben. Als Residenz der Grafen von Görz mit Schloss Bruck hatte Lienz große Bedeutung. Die erste Erwähnung als Stadt findet sich 1242. Immer mehr Händler und Gewerbetreibende ließen sich nieder, die Stadt wuchs. Im Jahre 1500 fiel Lienz mit dem Erbe der Görzer an Kaiser Maximilian I. Durch den großen Brand von 1609 wurde die mittelalterliche Stadt großteils zerstört. Neben Schloss Bruck und der Liebburg zählen die Pfarrkirche St. Andrä, die Kirche St. Michael am Rindermarkt, die Kriegergedächtniskapelle mit Fresken von Albin Egger-Lienz, ein schöner Bildstock und die Franziskanerkirche zu den wichtigsten Sehenswürdigkeiten.

Was man sehen muss

- Renaissanceansitz mit barocken Änderungen
- Ensemble Liebburg und Stadtplatz
- Lienz als Stadt mit südlichem Flair
- Lienz als einst bedeutende Verkehrs- und Handelsstadt

Renaissanceportal der Liebburg

37 Schloss Bruck
Wohn- und Wehrburg der Grafen von Görz

Schloss Bruck, Museum der Stadt Lienz
Schlossberg 1
A-9900 Lienz
Tel. +43 (0)4852 62580
www.museum-schlossbruck.at

Lage
Im Nordwesten der Stadt Lienz an der Felbertauernstraße 108 in Richtung Matrei in Osttirol.

Öffnungszeiten
Mitte Mai bis Anfang September täglich 10–18 Uhr;
Anfang September bis Ende Oktober täglich außer Montag 10–16 Uhr.

Lienzer Klause: Frei zugänglich, Lage an der Bundesstraße 100 von Lienz in Richtung Sillian, beim Ort Leisach beschilderte Abzweigung zur Klause. An der Kapelle vor der Klause sind Parkplätze vorhanden.

Was uns erwartet
Am Ausgang des Iseltals in das Becken von Lienz liegt nordwestlich der Stadt auf einem Felsvorsprung Schloss Bruck, umgeben von einem weitläufigen Park. Der Name leitet sich von einer Brücke über die Isel ab. Die Burg wird durch einen Zwinger betreten, gruppiert sich um einen nahezu rechteckigen Innenhof und weist alle wichtigen Teile einer typisch mittelalterlichen Burg auf. Der mächtige mit Zinnen bekrönte Bergfried ragt 30 m empor und ist in acht Stockwerke unterteilt. Die Außenmauern sind von einem Zinnenkranz umgeben. Über dem Rundbogenportal liegt eine Doppelkapelle mit anschließendem Palas mit Rittersaal. In der Kapelle schuf Simon von Taisten einen farbenfrohen Freskenzyklus, in dem etwa eine Schutzmantelmadonna, Heilige und das Stifterehepaar Graf Leonhard von Görz mit Gattin Paola Gonzaga abgebildet sind. Heute beherbergt Schloss Bruck das Museum der Stadt Lienz mit verschiedenen Sonderausstellungen. Besonders umfangreich ist die Sammlung von Bildern des Osttiroler Künstlers Albin Egger-Lienz.

Aus der Geschichte
Schloss Bruck entstand zwischen 1252 und 1277 im spätromanischen Stil und diente den Grafen von Görz als Residenz vom 13. Jahrhundert bis 1500. Zu den ältesten Teilen gehören der Bergfried, das Rundbogentor mit der darüberliegenden Doppelkapelle, die Ringmauer und der Nordwesttrakt. Mit dem Aufstieg der Görzer Grafen wurden zusätzliche Gebäude errichtet. Besonders schön ließ Graf Leonhard, der letzte Görzer, die Kapelle umbauen und ausstatten. 1500 trat Kaiser Maximilian I. das Erbe der Görzer an und verpfändete Bruck an die Freiherren von Wolkenstein-Rodenegg. Weitere Besitzer waren das

Osttirol

Königliche Damenstift in Hall, der Staat und ab dem 19. Jahrhundert private Besitzer. 1942 erwarb die Stadt die Burg, ließ sie restaurieren und als Museum adaptieren.

Erreichbarkeit

Unterhalb des Schlosses befindet sich an der Bundesstraße ein Parkplatz, von dem aus man in rund fünf Minuten zu Fuß durch einen schönen Landschaftspark zum Schloss gelangt. Es besteht auch ein Parkplatz direkt neben dem Schloss.

Sehenswertes in der Umgebung

Rund 5 km westlich von Lienz sind oberhalb von Leisach die Reste der Lienzer Klause erhalten. Hier endet das Pustertal und hier verlief die Grenze zwischen den Herzogtümern Bayern und Kärnten. Die 1253 erstmals urkundlich genannte Klause bestand vom 14. Jahrhundert bis 1806 als Festung und Gerichtssitz. Graf Leonhard von Görz und sein Erbe Kaiser Maximilian I. gaben den Auftrag zum Ausbau, vor allem wegen der Türkengefahr. Eine Erweiterung erfolgte im 17. Jahrhundert durch die Brüder Christoph und Elias Gumpp aus Innsbruck. 1783 ließ Kaiser Joseph II. alle Festungen außer Kufstein auf, die Lienzer Klause wurde verkauft und verfiel langsam. Eine letzte wichtige Rolle spielte sie noch in den Freiheitskämpfen von 1809. Zu sehen sind Reste des Tores, des Mauthauses, des Pulverturms und anderer Gebäude.

Was man sehen muss

- gut erhaltene mittelalterliche Burg
- schöner Landschaftspark
- mächtiger Bergfried mit herrlicher Aussicht auf Lienz
- Burgkapelle mit gotischen Fresken
- Rittersaal
- Museum der Stadt Lienz
- Bilder der Tiroler Maler Franz von Defregger und Albin Egger-Lienz
- Reste der Lienzer Klause als eine der alten Wehranlagen Tirols

TIPP

Schloss Bruck – Schlosscafé

*Wunderschön gelegenes Schlosscafé mit kräuterduftender Sonnenterrasse und herrlichem Blick über den Lienzer Talboden. Jeden Samstag, Sonn- und Feiertag ab 9 Uhr Museumsbrunch auf der Schlossterrasse.
Gerne organisieren wir Hochzeitsempfänge und private Feiern.*

*Geöffnet von Anfang Mai bis Ende Oktober, täglich von 10 bis 18 Uhr und für Abendveranstaltungen nach Voranmeldung. Speisecatering ist möglich.
Tel. +43 (0)4852 62580 3*

Lienzer Klause

38 Schloss Weißenstein
Sicherung des Weges über den Felber Tauern

**Schloss Weißenstein
Informationsbüro Matrei
in Osttirol**
Rauterplatz 1
A-9971 Matrei in Osttirol
Tel. +43 (0)4875 6527

Lage
Nördlich von Matrei an der Tauernstraße.

Öffnungszeiten
Schlosspark tagsüber zu besichtigen, Schloss selbst im Privatbesitz und nicht zugänglich.

St.-Nikolaus-Kirche:
An der Straße von Matrei nach Virgen; tagsüber geöffnet, sonst Schlüssel beim Bauern unterhalb der Kirche.

Was uns erwartet
Auf einem nach drei Seiten steil abfallenden Kalkfelsen nördlich von Matrei in Osttirol thront Schloss Weißenstein. Im 12. Jahrhundert ließen die Grafen von Lechsgemünd die Burg Matrei zur Kontrolle der Straße über den wichtigen Tauernpass und den Matreier Talkessel erbauen. Im 15. Jahrhundert kommt die Bezeichnung Burg Weißenstein auf. Der Zugang liegt an der Ostseite – heute verläuft an dieser Seite die Schnellstraße – und wird durch einen Zwinger mit Rondelltürmen geschützt. Der einstige Burgbereich bestand aus drei Türmen, dem Palas mit einem Saal im dritten Obergeschoss, einem Küchentrakt und Ringmauern. Der südlich gelegene Turm beherbergte eine Kapelle. Das heutige Schloss Weißenstein stammt aus dem 19. Jahrhundert, erinnert stark an englische Schlösser des Historismus und besitzt einen schönen Park. Gut integriert wurde der einstige Bergfried mit Zinnen.

Aus der Geschichte
Die einstige Burg Matrei hat ihre Ursprünge im 12. Jahrhundert und geht auf die Grafen von Lechsgemünd aus Niederbayern zurück. Von 1207 bis zur Säkularisation war die Befestigung im Besitz des Erzstifts Salzburg und diente als Sitz des bischöflichen Pflegers. Um 1470 ließ der Salzburger Erzbischof Leonhard von Keutschach die Burg ausbauen. Mit der Übersiedlung des Richters nach Matrei im 18. Jahrhundert begann der Verfall der Burg. 1864 kaufte der

Osttirol

Romanische Fresken (Himmlisches Jerusalem) in der St.-Nikolaus-Kirche

Wiener Architekt Franz Poduschka die Ruine und ließ sie im Stil des Historismus sanieren. Einige Zeit diente Weißenstein als Nobelhotel.

Erreichbarkeit

Wer mit dem Auto vom Felbertauerntunnel kommt, kann auf dem Parkplatz in der Höhe des Schlosses das Auto abstellen. Zum Schlosspark sind es rund 5 Gehminuten, das Schloss selbst ist nicht zu besichtigen.

Sehenswertes in der Umgebung

Auf einer Anhöhe westlich von Matrei liegt das romanische Kirchlein St. Nikolaus aus der zweiten Hälfte des 12. Jahrhunderts. An den quaderförmigen romanischen Chorturm schließt ein rechteckiges gotisches Langhaus an (15. Jahrhundert). Der doppelgeschossige Chor beherbergt spätromanische Fresken aus der zweiten Hälfte des 13. Jahrhunderts. Im Oberchor sind in der Georgskapelle etwa die Jakobsleiter in der Bogenlaibung, Heilige an den Wänden, die vier Elemente in den Zwickeln und das himmlische Jerusalem als Gottesstadt bzw. Paradies an der Decke über dem Altar abgebildet. Die Fresken im Unterchor der Nikolauskapelle mit der Erschaffung Evas, dem Sündenfall, der Vertreibung aus dem Paradies, Adam bei der Bauernarbeit und Eva beim Spinnen sowie Szenen aus dem Leben des hl. Nikolaus sind schlechter erhalten.

Was man sehen muss

- Schloss im Stil des englischen Historismus
- Schlosspark
- Ausblick auf das Talbecken von Matrei
- romanische Kirche St. Nikolaus
- Fresko „Himmlisches Jerusalem" in der Kirche St. Nikolaus
- Fresken mit Szenen aus dem Leben von Adam und Eva
- alte Bauernhöfe unterhalb der Kirche St. Nikolaus

39 Burgruine Rabenstein
Einheit in Fels und Stein

Burgruine Rabenstein
Infobüro Virgen

Virgen Nr. 35
A-9972 Virgen
Tel. +43 (0)4874 5210
www.hohetauern-osttirol.at

Lage
Nördlich von Virgen in Osttirol.

Öffnungszeiten
Im Sommer jederzeit zugänglich, gutes Schuhwerk notwendig, im Winter eingeschränkt begehbar. Wallfahrtskirche Maria Schnee in Obermauern: tagsüber grundsätzlich geöffnet.

Was uns erwartet
Nördlich von Virgen ragt auf einer steilen bewaldeten Kuppe auf 1410 m Seehöhe die Ruine Rabenstein auf, eine der höchstgelegenen Ruinen Tirols. Beim Aufstieg gelangt man zuerst zu den Resten eines freistehenden Wohnturms, in dem vermutlich der Burgverwalter untergebracht war. Burg Virgen, wie Rabenstein ursprünglich hieß, wird durch eine Vorburg betreten und passt sich sehr gut dem Gelände an. Der fast rechteckige Burghof, umgeben von einer Ringmauer, steigt steil an. Vom Bergfried auf der höchsten Stelle der Kuppe sind nur mehr zwei Mauern vorhanden, die beiden anderen stürzten 1961 bei einem Gewitter ein. Auf den ältesten Wohntrakt an der Talseite weisen noch die Fundamente hin. Ein zweiter Wohntrakt schloss an der Ostseite des Hofes an. Einige Freskenreste geben einen Hinweis auf die einstige Kapelle. Ein dreistöckiger Anbau an die Ringmauer im nordwestlichen Teil der Anlage wird als Pfaffenstöckl bezeichnet und war ursprünglich im Inneren im ersten Stock zur Gänze mit Fresken ausgestattet.

Aus der Geschichte
Die Ursprünge der Burg gehen auf das 12. Jahrhundert zurück und sind im Zusammenhang mit dem Salzburger Erzstift zu sehen. Im 13. Jahrhundert gelangte Rabenstein in den Besitz der Grafen von Tirol bzw. Görz-Tirol. In einem

Osttirol

Streit mit dem Salzburger Erzbischof musste Albert die Burg an diesen abtreten. Später waren die Grafen von Görz, dann Kaiser Maximilian I. Besitzer. Es folgten die Freiherren von Wolkenstein-Rodenegg und das Haller Damenstift bis 1783. Einerseits konnte von der Burg aus die Bevölkerung des Tals kontrolliert werden, andererseits befand sich dort der Gerichtssitz. Mit seiner Verlegung ins Tal im Jahre 1703 begann der langsame Verfall.

Erreichbarkeit

Von Matrei in Osttirol zweigt man in Richtung Westen ins Virgental ab, fährt bis Virgen und im Ort in Richtung Mellitz. Parkmöglichkeit besteht nahe dem Gasthof Rabenstein. Von dort gelangt man in rund 20 Minuten auf einem teilweise schmalen Fußweg zur Ruine.

Sehenswertes in der Umgebung

Wenige Fahrminuten westlich von Virgen steht die spätgotische Wallfahrtskirche Maria Schnee in Obermauern. Im Hochaltar befindet sich das Gnadenbild, eine Plastik der Mutter Maria mit dem Jesuskind aus der Zeit um 1425. Über die Ursprünge der Wallfahrt ist nichts bekannt. Das Innere weist einen geschlossenen Freskenzyklus von Simon von Taisten auf, Hofmaler bei den Grafen von Görz um 1500. Dargestellt sind in bunten Farben Heilige sowie zahlreiche Szenen aus dem Leben und Leiden Jesu. Am Weißen Sonntag wird in Obermauern ein weißer Widder zugunsten der Kirche versteigert, was auf ein Gelöbnis zur Zeit der Pest im 17. Jahrhundert zurückgeht.

Was man sehen muss

– eine der höchstgelegenen Burgruinen Tirols
– Anpassung der Burg an das steile Gelände
– freistehender Wohnturm vor der Burg
– Vorburg
– steil ansteigender Burghof
– Reste des Bergfrieds
– Reste von Malereien in der einstigen Kapelle
– Reste von Malereien im Pfaffenstöckl
– Fresken in der Wallfahrtskirche Maria Schnee in Obermauern

Wallfahrtskirche Maria Schnee in Obermauern (Virgen)

40 Schloss Naudersberg
Nauders

41 Grenzfeste Altfinstermünz
Nauders

42 Burg Laudeck
Ladis

43 Burg Berneck
Kauns

44 Schloss Landeck
Landeck

45 Kronburg
Zams

46 Burg Petersberg
Silz

47 Schloss Fernsteinsee – Sigmundsburg
Nassereith

48 Klause und Burgruine Ehrenberg
Reutte

Nordtirol
Tiroler Oberland

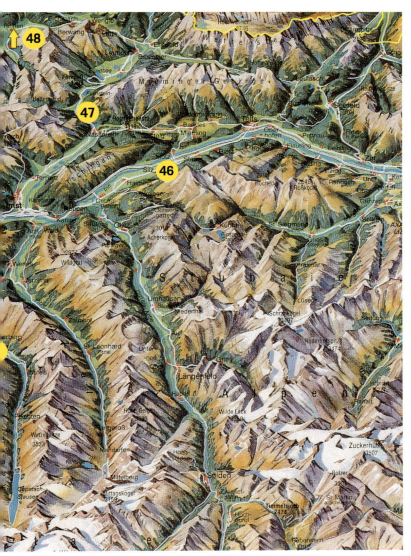

40 Schloss Naudersberg
Sicherung der Straße über den Reschenpass

Schloss Naudersberg und Sperrfestung Nauders
Museumsverein Nauders
Obmann Ludwig Thoma
A-6543 Nauders 221
Tel. +43 (0)5473 87242
oder 87470
Tel. +43 (0)664 9224495

Lage
Südwestliches Tirol entlang der Straße von Landeck zum Reschenpass.

Öffnungszeiten
Ende Mai bis Ende September; Führungen ca. 1 ¼ Std. Sonntag 10 und Mittwoch 17 Uhr in der Sommer- und Wintersaison; Gruppenführungen nach telefonischer Anmeldung jederzeit möglich.

Öffnungszeiten Sperrfort Nauders
Sonntag und Mittwoch um 15 Uhr in der Sommer- und Wintersaison; Gruppenführungen nach telefonischer Anmeldung jederzeit möglich.

Was uns erwartet
Etwas südlich der Ortschaft Nauders steht auf einem sanft abfallenden Hügel in strategisch günstiger Lage Schloss Naudersberg. Durch einen von einer Mauer umgebenen Zwinger führt der Weg zum Burgtor und weiter in den von einer Ringmauer umschlossenen Burghof. Noch deutlich ist der eigentliche Burgkomplex mit Bergfried, Kapelle, Palas, Bastei, Zisterne etc. zu erkennen. Die Burg war vom 13. Jahrhundert bis 1919 ein bedeutender Gerichtssitz. Der Richter musste ein Tiroler sein und bis ins 17. Jahrhundert die rätoromanische Sprache beherrschen, da im Raum von Nauders zahlreiche Rätoromanen wohnten und mit Sonderrechten ausgestattet waren. Die Bezeichnung Oberes Gericht bezieht sich auf das Gebiet zwischen Landeck und dem Reschenpass. Heute besitzt die Burg Nauders ein sehenswertes Museum mit Kunstwerken der einheimischen Künstler Karl Blaas, Anton Stecher und Josef Barthlmä Kleinhans. Weiters sind Erinnerungsstücke an das Gerichtswesen, das Handwerk, den Verkehr u. a. ausgestellt.

Aus der Geschichte
Vermutlich bestand hier schon in vorgeschichtlicher Zeit eine Siedlung. Zur Römerzeit führte die Via Claudia Augusta vorbei. Eine erste Burg wird 1239 als Sitz der Herren von Nauders erwähnt. Im Zuge der Kämpfe mit den Engadinern wurde Naudersberg 1499 großteils zerstört, jedoch rasch wieder aufgebaut. Im 16. Jahrhundert erfolgte die Umgestaltung der Wehrbauten zu Wohnzwecken. Als nach dem Ersten Weltkrieg Südtirol an Italien kam, verlor Naudersberg seine Funktion als Gerichtssitz. In den letzten Jahrzehnten wurde die Burg von der Familie Köllemann renoviert und ist mit Restaurant und Museum eine sehenswerte Attraktion.

Erreichbarkeit
Da die Burg Naudersberg direkt neben der Reschenbundesstraße

Nordtirol
Tiroler Oberland

Was man sehen muss

- imposante Burganlage
- Kunstwerke einheimischer Künstler im Museum
- schön ausgestattete Räumlichkeiten
- Erinnerungen an das Gerichtswesen
- Leonhardskapelle: seltene romanische Fresken
- Sperrfort Nauders: wehrhafte Anlage des 19. Jahrhunderts
- Erinnerungen an die österreichische Militärgeschichte

(B 180) liegt, ist sie mit dem Auto erreichbar. Unterhalb der Burg befindet sich ein Parkplatz. Auch die Sperrfestung Nauders befindet sich gleich neben der Bundesstraße (B 180).

Sehenswertes in der Umgebung

Neben der Burg steht an der alten Passstraße die kleine romanische Leonhardskapelle aus dem 12. Jahrhundert. Die Malereien in der Apsis und am Chorbogen aus der Zeit um 1150 zählen zu den ältesten Fresken Nordtirols. Dargestellt sind Christus in der Mandorla und Apostelköpfe. Ab der Kajetansbrücke südlich von Pfunds im Inntal (Reschenbundesstraße B 180) steigt die Straße in Kurven in Richtung Nauders steil an. Rund 2,5 km nördlich des Dorfes Nauders wurde um 1840 zur Sicherung des Landes von Süden her direkt in den Felsen die Sperrfestung Nauders gebaut. Sie besteht aus 55 Räumen in mehreren Stockwerken, darunter Geschützräume sowie Bereitschafts- und Lagerräume für Munition und Proviant.

Sperrfort Nauderberg (oben), Eingang zum Schloss Nauders (unten)

41 Grenzfeste Altfinstermünz
Treffpunkt von Tirol und der Schweiz in der Inntalschlucht

Einstige Grenzfeste Altfinstermünz
Altfinstermünz
Unterhalb der Reschenbundesstraße
A-6543 Nauders
Tel. +43 (0)664 3959471

Verein Altfinstermünz
Stuben 45
A-6542 Pfunds
Tel. +43 (0)5474 20042
www.altfinstermuenz.com

Lage
Unterhalb der Reschenbundesstraße (B 180) in der Innschlucht zwischen dem Zollamt Kajetansbrücke und Martina (Schweiz).

Öffnungszeiten
Nur im Sommer erreichbar. Führungen: Anfang Juni bis Ende Sept. jeden Dienstag 10–14 Uhr oder auf Anfrage, Treffpunkt Hotel Kajetansbrücke, Dauer ca. 4 Stunden.

Anlage ohne Führung frei zugänglich.

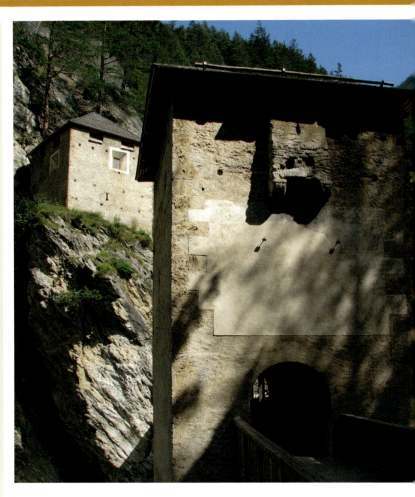

Was uns erwartet
Früher verliefen Grenzen meist nicht über Pässe, sondern entlang von Engstellen. Hier, an einer schluchtartigen Talenge des Inns, befinden sich noch die Reste einer der bedeutendsten Grenz- und Zollstationen Tirols. Hier war der strategisch und wirtschaftlich wichtige Weg zwischen dem Inntal, dem Vinschgau und dem Engadin sehr gut geschützt. Schon zur Römerzeit gab es hier einen Flussübergang.

Altfinstermünz besteht aus einer Brücke mit einem Pfeiler und dem Brückenturm, der Zollstätte Sigmundseck auf der Anhöhe über eine Höhlenburg, einem fünfgeschossigen Klausenturm als Straßensperre sowie einer Kapelle. Über der Tordurchfahrt des Brückenturms lagen eine Wachstube und eine offene Herdstelle für die Mannschaft. Anlage und Straße waren durch eine Sperrmauer mit Fenstern und Schießscharten entlang des

Nordtirol
Tiroler Oberland

Berghangs gesichert. Die Vorbauten sind größtenteils nicht mehr vorhanden. Heute kümmert sich der Verein Altfinstermünz um die Renovierung, Erhaltung und Belebung dieses wertvollen Kulturobjekts.

Aus der Geschichte

Die Römerstraße Via Claudia Augusta (ca. 45 n. Chr.) überquerte im Bereich von Altfinstermünz den Inn. 1159 taucht die erste urkundliche Erwähnung als „vinestana silva" (Wald von Finstermünz) auf, 1263 die urkundliche Erwähnung einer Höhlenburg. Die Einhebung der Maut lässt sich ab 1300 nachweisen. Die um 1470 von Erzherzog Sigmund dem Münzreichen ausgebaute Anlage stellte im Engadinerkrieg von 1499 ein wichtiges Bollwerk dar. In die Zeit Kaiser Maximilians fällt der Bau des Klausenturms (1502). Auf 1604 geht die Kapelle zurück. Mit der Verlegung des Zollamtes nach Martinsbruck verlor die Zollstätte an Bedeutung, endgültig jedoch mit dem Bau der neuen Reschenstraße 1854.

Erreichbarkeit

Die einstige Zollstätte ist mit dem Auto nicht direkt erreichbar, es gibt jedoch verschiedene Wanderwege: Vom Parkplatz Gasthof Kajetansbrücke (Bundesstraße 180 bzw. 184, südwestlich von Pfunds) über das Zollamt Kajetansbrücke unterhalb der Engadinerstraße (Schweiz) entlang des Inns, vom Parkplatz in Vinadi (Schweiz) direkter Abstieg, vom Gasthaus Hochfinstermünz an der Reschenbundesstraße (Österreich) und von Nauders ebenso direkter Abstieg. Feste Schuhe sind empfohlen.

Sehenswertes in der Umgebung

Einige Kilometer innabwärts (nordöstlich) von Altfinstermünz liegt die Gemeinde Pfunds, bestehend aus dem Ortsteil Stuben links vom Inn und dem Dorf rechts des Flusses. Beim Spaziergang durch den Ort fallen die mächtigen Häuser aus dem 16. Jahrhundert mit Steinportalen, Stützpfeilern, Erkern und Holzgiebeln auf. Das einstige Richterhaus ist mit Malereien von Wappen der ehemaligen Richter und verschiedenen Sinnsprüchen geziert. Die Liebfrauenkirche birgt gotische Wandmalereien, Reste eines gotischen Flügelaltars von Jörg Lederer wurden in einen barocken Altar eingebaut. Den viergeschossigen Turm an der Innbrücke zwischen Stuben und Dorf ließ Kaiser Maximilian I. ausbauen und er weilte selbst dort während des Engadinerkrieges 1499.

Was man sehen muss

- wildromantische Innschlucht
- Brückenturm mit Wachraum und Holzbrücke
- Reste der Burg Sigmundseck
- hoher Klausenturm als Straßensperre
- Renaissancekapelle Mariä Himmelfahrt
- mittelalterliche Höhlenburg

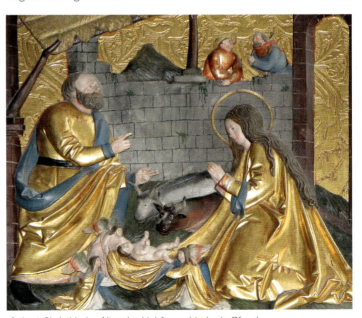

Geburt Christi beim Altar der Liebfrauenkirche in Pfunds

42 Burg Laudeck
Gerichtssitz an gefährlicher Stelle hoch über dem Inntal

Burg Laudeck
Tourismusverband Serfaus-Fiss-Ladis
Dorfstraße 8; A-6531 Ladis
Tel. +43 (0)5476 623913
www.serfaus-fiss-ladis.at

Lage
Hoch über dem Inntal westlich von Prutz, Abzweigung bei Ried im Oberinntal.

Öffnungszeiten (Burg Laudeck)
Privatbesitz, nur mit Führung zugänglich; Führungen von Ende Juni bis Mitte September jeweils am Mittwoch um 9, 9.45, 10.30 und 11.15 Uhr.

Öffnungszeiten Sigmundsried
Nur mit Führungen zugänglich, Führungen jeden Freitag um 10 Uhr, Dauer 2 Std.
Für Gruppen Führungen ab 10 Personen auf Anfrage, Anmeldung erwünscht.
Tel. +43 (0)664 4521395 oder Tel. +43 (0)650 5242322

Was uns erwartet
Westlich von Prutz im Inntal zieht sich ein mächtiger Felsrücken zur Anhöhe von Ladis hinauf. Auf der höchsten Stelle entstand an einer strategisch günstigen Stelle am Rand des Ortes Ladis die schon von weitem sichtbare Burg Laudeck. Ortsbild und Burg sind vom malerisch angelegten Burgweiher geprägt, der schon im Fischereibuch Kaiser Maximilians I. beschrieben wird. Deutlich ist der wuchtige quadratische Bergfried mit romanischen Doppelbogenfenstern zu erkennen, an den sich im Nordosten Kapelle und Palas anfügen. Dieser Bergfried diente einst als Wohnturm. Der Zugang zur Burg ist im Norden durch eine Ringmauer und verschiedene Türme abgesichert. Laut einer Sage soll jemand mit Zahnschmerzen ein Mal um die Burg herumgehen, dann tut ihm kein Zahn mehr weh, denn sein Absturz ist unvermeidlich. Die Orte Ladis, Fiss und Serfaus liegen auf einer Sonnenterrasse und sind Zentren des Fremdenverkehrs, vor allem im Winter.

Aus der Geschichte
Funde weisen auf eine Besiedlung in prähistorischer Zeit hin. Vielleicht bestand auch ein römischer Wachturm zur Sicherung der Via Claudia Augusta. Die 1239 erstmals erwähnte Burg wurde 1259 von Graf Meinhard II. seiner Gattin als Witwensitz überschrieben. 1263 wurde Laudeck Sitz des Landgerichts. Beim Einfall der Appenzeller 1406 brannten Burg und Ort nieder. Sie verfolgten den Abt des Klosters St. Gallen, der in Frauenkleidern nach Laudeck geflohen war. Mit der Verlegung des Gerichtssitzes nach Sigmundsried im Inntal im 17. Jahrhundert begann der Verfall. 1964 kaufte die Familie Apel die Burg und begann mit der Renovierung. Seit 2005 gehört sie der Familie Möller.

Nordtirol
Tiroler Oberland

Erreichbarkeit
Von der Bundesstraße 180 führt bei Ried im Oberinntal eine Abzweigung in Richtung Ladis, Fiss und Serfaus. Parkplätze sind beim Rauthhof vor der Burg vorhanden. Von dort gelangt man schnell zu Fuß zur Wehranlage.

Sehenswertes in der Umgebung
Beim Ort Ried im Oberinntal erhebt sich inmitten des Tales Burg Sigmundsried, bestehend aus einem großen dreistöckigen Turm mit einem dreistöckigen Haus. Von der einstigen Dorfburg konnte man den Verkehr auf der Landesstraße gut beobachten. Die 1381 an die Starkenberg gelangte Anlage ging 1471 an den Tiroler Landesfürsten Erzherzog Sigmund den Münzreichen über, der sie als Jagdschloss ausbaute. Damals entstand die Bezeichnung Sigmundsried. Die Burg diente auch immer wieder den Richtern von Burg Laudeck als Wohnsitz. Bis 1977 war hier der Sitz des Bezirksgerichtes, der dann nach Landeck verlegt wurde. In den mit Kreuzgratgewölben gedeckten Hallen sind noch Malereien mit pflanzlichen Motiven und Wappen aus der Zeit um 1530/40 erhalten.

Was man sehen muss
- herrlicher Ausblick auf das Inntal und das Kaunertal
- mächtiger Bergfried mit angrenzenden Wohngebäuden
- malerischer Burgweiher, Burgkapelle, Turmfalken
- schöne Fassadenmalereien auf verschiedenen Häusern
- Sigmundsried: Ranken- und Wappenmalereien in der Erdgeschosshalle
- Sigmundsried: mächtiger Mittelpfeiler in der Halle im ersten Stock

Burg Sigmundsried

43 Burg Berneck
Von der Ruine zur modernen Wohnanlage

Burg Berneck
Richard Hörmann
A-6522 Kauns
Tel. +43 (0)5472 6332

Lage
Kauns am Eingang ins Kaunertal.

Öffnungszeiten
Privatbesitz, nur mit Führung zu besichtigen.
Führungen von Juli bis Anfang September jeweils Freitag und Samstag um 10 Uhr und 11 Uhr.
Außerhalb dieser Öffnungszeiten Führungen für Gruppen ab 10 Personen auf Anfrage.

Pfarre Kaltenbrunn und Pfarre Feichten
Pfarrer Dr. Michael Wilhelm
A-6524 Feichten 153
Tel. +43 (0)5475 209
www.kaltenbrunn.at

Was uns erwartet
Am Eingang des Kaunertals östlich von Kauns thront Burg Berneck am äußersten Rand einer etwa 130 m hohen Felswand, die fast senkrecht zum Faggenbach und zur Kaunertaler Straße abfällt. Der Abfall gegen Norden und Osten hingegen ist nur gering. Die Burg sicherte einerseits den einstigen Verkehrsweg über den Piller Sattel, andererseits die rund drei Kilometer entfernte Pontlatzer Brücke über den Inn. Die Anlage besteht aus drei Höfen, historischen Räumen, einer talseitig entlangführenden Fachwerkgalerie und einer mächtigen 80 m langen Schildmauer. Typisch für Berneck sind die zahlreichen Steinkreuzfenster. Der Bau aus dem Jahre 1437 wurde ab 1976 durch die Familie Hörmann wiederhergestellt. Er umfasst u. a. die Bartholomäuskapelle mit gotischen Fresken (etwa Kreuzigungsszene und Heilige), den Kapellenhof, eine gotische Stube und die äußere Laufganggalerie über der Felswand. Der Besucher gewinnt einen guten Eindruck, mit welchem Aufwand diese Restaurierungen stattgefunden haben.

Aus der Geschichte
Im Jahre 1225 wird erstmals eine Burg der Herren von Berneck genannt. Nach mehreren Besitzern gelangte Berneck an Hans von Mülinen, den treuen Gefährten Herzog Friedrichs IV. mit der leeren Tasche, der die teils verfallene Burg großteils wiederherstellen ließ. 1499 tauschte Kaiser Maximilian I. Schloss Tratzberg mit Berneck, damals im Besitz der Familie Tänzl, und verwendete die Burg als Ausgang für seine Jagden. Die Burg wechselte in der Folge rasch ihre Besitzer. Verschiedene Renovie-

Nordtirol
Tiroler Oberland

rungsversuche brachten wenig Erfolg, der Wehrbau verfiel zusehends zur Ruine. 1976 kauften die Kunsthistorikerin Magdalena Hörmann und der Architekt Ekkehard Hörmann die Ruine, rekonstruierten sie und machten sie wieder bewohnbar.

Erreichbarkeit

Im Dorf Kauns machen Hinweisschilder auf die Burg aufmerksam. Mit dem Auto gelangt man zu einem kleinen Parkplatz vor der Burg. Von dort ist es nur ein kurzer Fußmarsch zum Eingang. Fährt man vom inneren Kaunertal talauswärts, zweigt die Straße nach Kauns ab und führt ebenfalls zum Ziel.

Sehenswertes in der Umgebung

Nur wenige Kilometer taleinwärts von Burg Berneck zweigt links eine Straße zur Wallfahrtskirche Kaltenbrunn ab. Die Wallfahrt dürfte im 12. Jahrhundert entstanden sein. Der Legende nach fanden Hirten auf einer Geröllhalde eine Muttergottesstatue, um die Roggen und Weizen wuchsen, die aber vom weidenden Vieh nicht gefressen wurden. Außerdem sprudelte Wasser aus einer Quelle, daher der Name Kaltenbrunn. Zahlreiche Besucher kamen und es gab wundersame Gebetserhörungen. Gläubige bauten eine Kapelle und eine Einsiedelei. Die heutige Kirche, die mehrere Vorgängerbauten hatte, geht auf das 16. Jahrhundert zurück, Fresken und Stuck stammen aus der Zeit um 1730. Die Gnadenmadonna mit dem Jesuskind aus der Zeit um 1400 wird in einer ovalen Kapelle mitten im Kirchenschiff verehrt. Dort ereignete sich vor den Hirten das Marienwunder.

Was man sehen muss

- Wehranlage auf steilem Felsen
- herrlicher Ausblick
- langgezogene Fachwerkgalerie über steilem Felsabfall
- Burgkapelle zum hl. Bartholomäus mit gotischen Fresken
- Zisterne
- Schildmauer
- drei Höfe
- Steinkreuzfenster
- Kellerräume
- gotische Stube
- Adaptierung als moderne Wohnburg

Burg Berneck (links) und Wallfahrtskirche Kaltenbrunn (rechts)

Schloss Landeck
Heimatmuseum in trutzigen Mauern

Schloss Landeck
Bezirksmuseumsverein
Schloss Landeck
Schlossweg 2
A-6500 Landeck
Tel. +43 (0)5442 63202
www.schlosslandeck.at

Lage
Landeck, oberhalb der Stadt.

Öffnungszeiten
Mitte März bis Ende Okt. und Mitte Dez. bis Ende Jänner
Dienstag bis Sonntag
10–17 Uhr.
Montag Ruhetag (an Feiertagen geöffnet).
Führungen auf Anfrage.
Die Pfarrkirche Landeck ist tagsüber geöffnet.
Die Ruine Schrofenstein ist in Privatbesitz und nur von außen zu besichtigen.

Was uns erwartet
Aus dem schluchtartigen Inntal ragt bei Landeck Schloss Landeck auf und beherrscht deutlich die Stadt und die Straße zum Reschenpass. Durch die Vorburg und den Zwinger gelangt man zur eigentlichen Hochburg mit dem Bergfried und einem mehrstöckigen Wohnteil. Der Besucher wird von einer spätgotischen Halle mit Netzrippengewölbe empfangen, neben der links die kleine Burgkapelle liegt. Eine Stiege führt in die oberen Geschosse und in den Bergfried, von dem aus man einen herrlichen Rundblick genießt.
In Landeck treffen die Straßen vom Arlbergpass und vom obersten Inntal (Reschenpass und Schweiz) zusammen.
Schloss Landeck dient heute als Bezirksmuseum mit Erinnerungsstücken an Gerichtsbarkeit, Hexenprozesse, Brauchtum, Religion, bäuerliche Lebensformen, Kunst des Tiroler Oberlandes, Auswanderer, Einwanderer etc. Auch an die einheimischen Barockbaumeister Jakob Prandtauer (Stift Melk) und Josef Munggenast wird erinnert. Verschiedenste Veranstaltungen finden hier statt.

Aus der Geschichte
Die kurz vor 1300 erstmals erwähnte Burganlage war über Jahrhunderte als Verwaltungs- und Gerichtssitz im Besitz der Tiroler Landesfürsten, die sie jedoch an verschiedene Familien verpfändeten. Zu den Pfandinhabern gehörten die Schrofensteiner, auch als Förderer der Pfarrkirche bekannt. Mit der Verlegung des Gerichtssitzes in den Landecker Stadtteil Perfuchs im Jahre 1840 begann der Verfall der Anlage. Sie diente als Kaserne, Munitionsdepot und Armenhaus. 1942

Nordtirol
Tiroler Oberland

kaufte die Stadt die Burg, ließ sie 1969–1972 restaurieren und brachte hier das Bezirksmuseum unter. 2005–2007 erfolgte eine neuerliche Innenrestaurierung.

Erreichbarkeit

Vom Stadtzentrum Landeck führt ein Fußgängerweg zur Pfarrkirche und von dort zum Schloss (Gehzeit rund 15 Min.). Mit dem Auto überquert man etwas östlich von Landeck die Bahngeleise, fährt zur Pfarrkirche und von dort zum Schloss – Parkplatz direkt vor dem Gebäude. Wanderung zur Ruine Schrofenstein: Von Landeck über die Burschlbrücke auf der alten Fahrstraße nach Stanz, bei der Kreuzung im Ortszentrum Abzweigung nach rechts, dann Feldweg und schmaler Steig, teilweise etwas steil und steinig, zur Ruine – Gehzeit ca. 1 ½ Stunden.

Sehenswertes in der Umgebung

Auf dem Weg zum Schloss befindet sich die sehenswerte spätgotische Pfarrkirche Landeck mit dem Schrofensteiner Altar aus dem Jahre 1530. Dargestellt sind dort die Stifter Oswald von Schrofenstein und seine Gattin Praxedis von Wolkenstein, die Anbetung der Könige, Maria mit Kind und Josef sowie der hl. Oswald. Erwähnenswert ist auch die Darstellung Mariens mit dem Jesuskind über dem Westportal. Die Landecker Pfarrkirche zählt zu den schönsten Kirchen im Tiroler Oberland.
Auf der Nordseite des Landecker Beckens fällt der teilweise restaurierte rund 12 m hohe Bergfried der einstigen Burg Schrofenstein auf. Die Schrofensteiner zählten zu den bedeutendsten Adeligen des Landes.

Was man sehen muss

- Eingangshalle mit Gewölbe
- Kapelle mit kleinem Flügelaltar
- Bezirksmuseum mit Erinnerungen an die bäuerliche Umgebung
- Bezirksmuseum mit Erinnerungen an verschiedene Künstler
- Gerichtsstube
- Rundblick auf Landeck vom Bergfried
- spätgotische Pfarrkirche Landeck
- Schrofensteiner Altar in der Pfarrkirche
- Westportal der Pfarrkirche
- Turm als Rest der einstigen Burg Schrofenstein

Eingangshalle Schloss Landeck (links), Pfarrkirche Landeck (rechts)

45 Kronburg
Beherrscherin des oberen Inntals

Kronburg
Maurenweg 40
A-6511 Zams
Tel. + Fax +43 (0)5442 67643

Kronburg
6511 Zams
Tel. +43 (0)5442 62218
www.kronburg-tirol.at

Lage
Auf einem bewaldeten Felsenhügel zwischen Imst und Zams.

Öffnungszeiten
Besichtigung nur von außen möglich, Zugang nur mit Führung.
Führungen von Juni bis September, jeden Mittwoch um 14 Uhr, Dauer 2 Stunden, sonst Führungen auf Anfrage, Treffpunkt beim Gasthaus Kronburg, Parkplatz direkt beim Gasthof.

Was uns erwartet
Zwischen Imst und Landeck fällt auf einem spitz aufragenden bewaldeten Felshügel der Bergfried der Kronburg auf. Es handelt sich dabei um die Reste einer der ausgedehntesten Burganlagen Nordtirols. Der Bergkegel fällt nach drei Seiten steil ab, nur auf einer Seite geht er in einen mit Wiesen bedeckten Sattel über.
Von der ehemaligen Wehranlage sind noch Teile des äußeren und des inneren Vorwerks mit Sperrmauern, ein halbrundes Rondell mit einem Viereckturm, der trapezförmige Innenhof, ein kleiner Osttrakt und der mächtige Bergfried erhalten. Letzterer diente lange Zeit auch als Wohnturm mit einem Eingang im ersten Stock. Reste eines Kamins sind im dritten Stock noch zu erkennen, ebenfalls noch Löcher der einstigen hölzernen Treppen und der Holzbalken für die Stockwerke. Unvergleichlich ist der Ausblick vom Bergfried in das Inntal und auf die umliegende Bergwelt.

Aus der Geschichte
Die Felskuppe war schon in vorgeschichtlicher Zeit besiedelt. 1380 errichteten die Starkenberger, eine der mächtigsten Adelsfamilien Tirols, hier das Verwaltungszentrum ihrer Besitzungen in Nordtirol. Zudem wurde die Kronburg auch Gerichtssitz. Im Zuge der Streitigkeiten zwischen dem Tiroler Adel und dem Landesfürsten Herzog Friedrich IV. fiel die Burg an ihn. Von 1504 bis 1802 befand sich die Anlage als Lehen im Besitz der Familie Fieger, die durch den Schwazer Bergbau reich geworden war. Seit 2005 ist die Ruine im Besitz der Barmherzigen Schwestern

Nordtirol
Tiroler Oberland

von Zams. Heute bemüht sich der Verein „Rettet die Kronburg" um Erhalt und Renovierung.

Erreichbarkeit

Mit dem Auto auf der Inntalautobahn (A 12), Abfahrt Schönwies-Mils-Kronburg, weiter in Richtung Schönwies, von dort der Beschilderung folgen; eine teils einspurige Straße führt durch den Wald zum Parkplatz bei der Wallfahrtskirche auf dem Sattel, Aufstieg in ca. 20 Minuten auf einem gut begehbaren Weg.

Sehenswertes in der Umgebung

Auf dem Wiesensattel unterhalb der Kronburg stehen verschiedene Gebäude: Kloster, Wallfahrtsstätte und Gasthaus. Die Wallfahrtskirche zu „Unserer Lieben Frau Maria Hilf" entstand 1711 bis 1714 anstelle einer älteren Anlage. Der Ursprung der Wallfahrt hängt mit einer Wunderheilung zusammen. Der dreijährige Andreas Lechleithner hatte sich eine Messerspitze ins Auge gestochen, wurde aber auf das inständige Flehen seiner Mutter zur Muttergottes geheilt. Auf dem Hochaltar der Kirche steht als Gnadenbild eine Kopie der Cranach-Madonna im Innsbrucker Dom. 1848 entstand auf Betreiben des Priesters Stephan Krismer aus Karres neben der Wallfahrtskirche ein kleines Kloster.

Was man sehen muss

- eine der schönstgelegenen Burgruinen Tirols
- mächtiger Bergfried
- Reste von Vorburgen
- herrlicher Ausblick auf das Inntal
- Wallfahrtskirche unterhalb der Burg
- Kopie des Mariahilf-Bildes von Lucas Cranach in der Wallfahrtskirche
- Votivbilder in der Wallfahrtskirche
- Frauenkloster Kronburg („Klösterle")

Wallfahrtskirche zu „Unserer Lieben Frau Maria Hilf"

46 Burg Petersberg
Rückzugsort des Engelwerks

Burg Petersberg
Kreuzordenskloster
St. Petersberg 60
A-6424 Silz
Tel. +43 (0)5263 67771-0
www.kreuzorden.at

Lage
Westlich des Ortes Silz im Oberinntal auf der südlichen Talseite, ca. 40 Kilometer westlich von Innsbruck.

Öffnungszeiten
Die Burg (Kloster) ist nicht öffentlich zugänglich.

Was uns erwartet
Etwas westlich von Silz liegt auf einer Anhöhe im Süden des Tales die Burg Petersberg, umgeben von Laub- und Nadelwäldern und einem Teich. Wuchtig steigt der Wehrbau aus dem Felsen empor und vermittelt einen guten Eindruck einer mittelalterlichen Burg. Schon von weitem fällt der hoch aufragende Bergfried mit dem Zinnenkranz auf. Die Wohn- und Wirtschaftsgebäude sowie eine Kapelle umschließen einen Innenhof. Etwas abseits der eigentlichen Burg steht der so genannte Schnitzer- oder Faulturm, der ursprüngliche Sitz der Burggrafen.

Heute beherbergt St. Petersberg ein Kloster des Ordens der Regularkanoniker vom Heiligen Kreuz, der die Mitglieder des Engelwerks betreut. Das Engelwerk geht auf die Innsbruckerin Gabriele Bitterlich zurück und wurde 1949 von einer Gruppe von Priestern und Theologiestudenten in Innsbruck gegründet. Ziel ist eine vertiefende Einsicht in das Glaubenswissen über die Engel.

Aus der Geschichte
Schon um 1000 v. Chr. dürfte der Hügel besiedelt gewesen sein. Die Welfen errichteten im 11. Jahrhundert eine Befestigung zur Verwaltung ihrer Tiroler Besitzungen. Graf

Nordtirol
Tiroler Oberland

Meinhard II. von Görz-Tirol ließ Petersberg ausbauen und erhob es zum Gerichtssitz. Zeitweise war hier auch die landesfürstliche Kasse untergebracht. Im Laufe der Jahrhunderte wechselten die Besitzer. Mit der Übersiedlung des Richters nach Silz im 17. Jahrhundert verlor Petersberg an Bedeutung. Durch einen Brand im Jahre 1857 wurde die Burg zur Ruine, jedoch im Auftrag von Kaiser Franz Joseph wieder aufgebaut. Der letzte Besitzer, Graf Stolberg, verkaufte sie 1965 dem Engelwerk.

Erreichbarkeit

Von der Bundesstraße 171 zweigt zwischen Silz und Haiming in Richtung Süden ein schmaler Fahrweg ab, der zu einem Parkplatz führt. Auf einer breiten Fahrstraße (Fahrverbot) kann der Besucher zu Fuß vorbei am Burgteich und am Schnitzer- oder Faulturm in rund 10 Minuten zum Haupteingang der Burg gelangen, die jedoch nicht zu besichtigen ist.

Sehenswertes in der Umgebung

Der Ort Silz wird beherrscht vom mächtigen Turm der Pfarrkirche zu den Heiligen Peter und Paul. Da die alte gotische Kirche durch Brand zerstört wurde, erfolgte in den Jahren 1846–1848 ein Neubau nach den Plänen von Alois Haas im Stil des Historismus mit neuromanischen Elementen. Das Langhaus der Hallenkirche wurde 1903–1905 im Nazarenerstil von den heimischen Malern Heinrich Kluibenschädl und Emanuel Raffeiner mit Szenen aus dem Leben der Apostelfürsten Petrus und Paulus ausgemalt. Von Kluibenschädl stammen auch die Kreuzwegbilder.

Was man sehen muss

— Burg in malerischer Lage, eingebettet in Laub- und Nadelwälder
— Schnitzer- oder Faulturm
— romantischer See
— Pfarrkirche Silz im neuromanischen Stil
— Bilder aus dem Leben der Apostelfürsten Petrus und Paulus im Nazarenerstil in der Pfarrkirche Silz

Pfarrkirche Silz (oben), Kreuzigung des hl. Petrus in der Pfarrkirche Silz (unten)

47 Schloss Fernsteinsee – Sigmundsburg
Romantik pur inmitten dichter Wälder

Hotel Schloss Fernsteinsee
A-6465 Nassereith
Tel. +43 (0)5265 5210
www.schloss-fernsteinsee.at

Lage
Nordwesten Tirols, Bundesstraße 179 zwischen Nassereith und Fernpass.

Öffnungszeiten
Schloss als Hotel geführt. Äußeres zu besichtigen. Nothelferkapelle zu besichtigen. Ruine Sigmundsburg zu besichtigen (vom See sehr steiler Anstieg).

Was uns erwartet
An der Fernpassstraße (B 179) zwischen Nassereith und dem Fernpass steht oberhalb des Fernsteinsees Schloss Fernstein, heute als Hotel benutzt. Die Burg diente früher, verbunden mit einer Klause, als Wegsperre und Zollstätte an der wichtigen Verbindungsstraße vom Inntal ins Außerfern und nach Deutschland. Wichtiges Handelsgut war vor allem Salz. Die Straße führte direkt durch die Klause. Noch erhalten sind Reste des Wohnturms, der Klause und ein Teil der Sperrmauer von der Burg zum See. Die Landschaft ist geprägt vom Fernsteinsee, steilen Felswänden, Wäldern und einem Bach. Hinter dem Hotel sind noch Teile der einstigen Straße zu sehen, heute ein steil ansteigender Wanderweg in Richtung Fernpass, der noch einen guten Eindruck von den einstigen Gefahren für Reisende bietet. Etwas unterhalb des Schlosses liegt die Vierzehn-Nothelfer-Kapelle, früher zum Gebet für eine sichere Reise besucht. Im malerisch gelegenen Gebirgssee befinden sich auf einer Insel noch spärliche Reste der einstigen Burg Sigmundsburg.

Aus der Geschichte
Schon 1288 ist eine landesfürstliche Wehranlage zur Kontrolle der Straße, bestehend aus Wohnturm, Wegsperre und Zollstätte, erwähnt. Im 15. Jahr-

Nordtirol
Tiroler Oberland

hundert erfolgte unter Erzherzog Sigmund dem Münzreichen eine Erweiterung sowie die Errichtung der Nothelferkapelle. 1552 hielten hier die Tiroler den von Bayern einfallenden Kurfürsten Moritz von Sachsen auf, wodurch für Kaiser Karl V., der sich in Innsbruck aufhielt, die Flucht ermöglicht wurde. Das 19. Jahrhundert brachte Umbauten im romantischen Sinne. Als 1856 ein gänzlicher Neubau der Straße mit einer Brücke neben dem Schloss erfolgte, verlor die Anlage ihre ursprüngliche Bedeutung.

Erreichbarkeit

Schloss Fernsteinsee ist direkt mit dem Auto erreichbar (Bundesstraße 179, Nassereith – Fernpass), ein Parkplatz befindet sich gegenüber dem Schloss. Es besteht die Möglichkeit, auf der alten steil ansteigenden Salzstraße zu Fuß vom Schloss bis zum Fernpass zu wandern.

Sehenswertes in der Umgebung

Vom Parkplatz beim Schloss führt ein Wanderweg zum Fernsteinsee hinab, dann weiter über eine schmale Brücke zu einer bewaldeten Insel. Auf deren Kuppe befinden sich die spärlichen Reste der Ruine Sigmundsburg (1451–1457). Einigermaßen zu erkennen sind noch mehrere Türme, Tür- und Fenstereinfassungen, ein spitzbogiges Kapellenfenster und Vorbauten. Es handelt sich um eine der sieben Burganlagen, die Erzherzog Sigmund der Münzreiche in Tirol erbauen ließ. Der Graf von Tirol hielt sich hier gerne zum Jagen und Fischen auf. Der ursprünglich rechteckige, dreigeschossige Bau war ein

beliebter Aufenthaltsort für Sigmunds erste Gattin Eleonore von Schottland und glich eher einem Ansitz als einer Burg. Schon wenige Jahre nach dem Tod des Landesfürsten begann der Verfall. Der Bayernkönig Ludwig II. liebte die Atmosphäre der romantischen Ruine.

Kapellenfenster in der Ruine Sigmundsburg

Was man sehen muss

— romantische Schlossanlage
— Gebirgssee, Felsen, Wälder
— Befestigungen, Klause
— Vierzehn-Nothelfer-Kapelle
— alte Salzstraße über den Fernpass
— Ruine Sigmundsburg im Fernsteinsee

48 Klause und Burgruine Ehrenberg
Mächtiges Bollwerk an der Nordgrenze Tirols

Europäische Burgenwelten Ehrenberg
Verein Europäisches Burgenmuseum Ehrenberg
Klause 1
A-6600 Reutte
Tel. +43 (0)5672 62007
www.ehrenberg.at

Lage
Südlich von Reutte im Nordwesten Tirols.

Öffnungszeiten des Museums „Dem Ritter auf der Spur"
Täglich vom 26. Dezember bis Allerheiligen von 10 bis 17 Uhr. Kein Ruhetag.

Verschiedene Angebote für Familien und speziell für Kinder.

Was uns erwartet
Südlich von Reutte sind die Reste einer der bedeutendsten Festungsanlagen Tirols zu finden. Das Ensemble besteht aus einer Klause, der Burgruine Ehrenberg, der Festung am Schlosskopf und dem Fort Claudia. Direkt unterhalb der heutigen Fernpassstraße führte die alte Durchzugsstraße in der Talenge durch die Klause, einer Straßensperre mit Zoll- und Poststation sowie Gasthaus. Hier musste früher der gesamte Verkehr passieren, vor allem die schweren Salzfuhrwerke, die von Hall in Tirol nach Schwaben, in die Bodenseegegend und bis ins Elsass fuhren. Oberhalb der Klause diente die Burgruine Ehrenberg zur Verteidigung. Die Mauerreste laden zum Herumgehen ein und lassen noch einigermaßen die ehemaligen Räumlichkeiten erkennen. Noch weiter droben, am Schlossberg oder Hornberg, stehen die Reste der gewaltigen Mauern der barocken Festung am Schlosskopf. Sie diente der Verteidigung von Klause und Burg. Auf dem Falkenberg auf der gegenüberliegenden Talseite wurde die gesamte Verteidigungsanlage durch das Fort Claudia ergänzt.

Aus der Geschichte
Schon zur Römerzeit bestand hier eine wichtige Straße. Graf Meinhard II. legte um 1290 den Grundstein für eine einfache Wehranlage, die Anfang des 17. Jahrhunderts zu einer stattlichen Festung ausgebaut wurde. Zur Zeit des Dreißigjährigen Krieges konnten hier die Angriffe

Nordtirol
Tiroler Oberland

der Schweden zurückgeschlagen werden. Im 18. Jahrhundert stieg Ehrenberg mit dem Ausbau der Anlage und der Errichtung der barocken Festung Schlosskopf zur größten Festung Nordtirols auf. Das Jahr 1782 bedeutete das Ende, als Kaiser Joseph II. alle Festungen in Tirol außer Kufstein aufließ. Heute stellt die renovierte Anlage eines der bedeutendsten Festungsensembles Mitteleuropas dar.

Erreichbarkeit

Von der Bundesstraße 179 zweigt man einige Kilometer südlich von Reutte zum Parkplatz der Ehrenberger Klause ab. Die verschiedenen Gebäude der Klause können besichtigt werden, es gibt auch ein Museum mit sehr viel Sehenswertem zum Thema Mittelalter und Ritter. Auf einem Fußweg gelangt man in rund 25 Minuten zur Ruine Ehrenberg. Der Anstieg von der Klause zum Schlosskopf dauert rund 1 ½ Stunden. Festes Schuhwerk ist notwendig.

Sehenswertes in der Umgebung

Der nahe Bezirksort Reutte liegt in einem weiten Becken und erlangte im 15. Jahrhundert durch den Bau einer Brücke und den Verlauf der Salzstraße Bedeutung. 1489 erhielt Reutte das Marktrecht und wurde in der Folgezeit Hauptniederlagsort für den Salzhandel. Mit dem Bau der Arlbergstraße im 18. Jahrhundert und der Arlbergbahn im 19. Jahrhundert verlor Reutte stark an Bedeutung. Der historische Ort gliedert sich in Obermarkt und Untermarkt und war Heimat der barocken Malerfamilie Zeiller. Im Grünen Haus ist das Heimatmuseum untergebracht. Ausflüge ins Lechtal mit den naturnahen Lechauen sowie nach Bayern zu den Königsschlössern Neuschwanstein und Hohenschwangau (beide 19. Jahrhundert) und der Stadt Füssen sind zu empfehlen.

Was man sehen muss

- Klause Ehrenberg als Straßensperre
- Erlebnismuseum „Dem Ritter auf der Spur" in der Klause
- Burgruine Ehrenberg mit herrlichem Ausblick auf das Becken von Reutte
- barocke Festung Schlosskopf als Schaufestung
- Ehrenberg – Die Zeitreise (Römer- und Ritterspiele als historischer Event im Sommer)
- Ensemble Ehrenberg mit zahlreichen Events
- Bezirksort Reutte mit barock bemalten Häusern

Klause Ehrenberg im Talboden

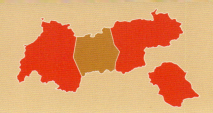

49 **Burg Martinsbühel**
Zirl

50 **Schloss Mentlberg**
Innsbruck

51 **Kaiserliche Hofburg**
Innsbruck

52 **Ansitz Büchsenhausen**
Innsbruck

53 **Ansitz Weiherburg**
Innsbruck

54 **Schloss Ambras**
Innsbruck

55 **Burgkapelle Aufenstein**
Navis

56 **Burgruine Thaur**
Thaur

57 **Burg Hasegg**
Hall in Tirol

58 **Schloss Friedberg**
Volders

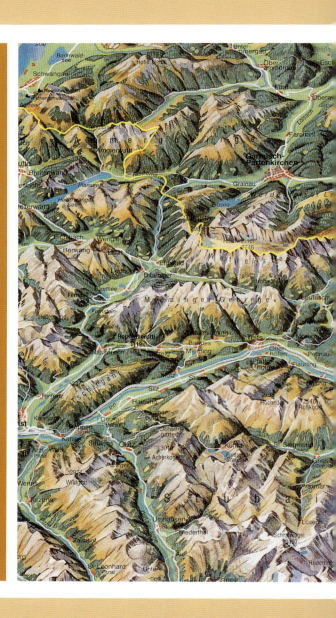

Nordtirol
Innsbruck und Umgebung

49 Burg Martinsbühel
Maximilians Jagddomizil zu Füßen der Martinswand

Martinsbühel
Kloster Martinsbühel
A-6170 Zirl
Tel. +43 (0)5238 52226

Tourismusinformation Zirl
Dorfplatz 2; A-6170 Zirl
Tel. +43 (0)5238 52235
www.innsbruck.info/zirl

Lage
Lage von Martinsbühel, der Martinswand und der Ruine Fragenstein: rund zehn Kilometer westlich von Innsbruck, etwas östlich von Zirl.

Öffnungszeiten
Martinskapelle auf Martinsbühel tagsüber geöffnet, andere Gebäude nicht zu besichtigen. Ruine Fragenstein frei begehbar.

Was uns erwartet
Östlich von Zirl erhebt sich auf der Nordseite des Tales direkt unter der Martinswand der geschichtsträchtige Martinsbühel. Zwischen den neueren Gebäuden befinden sich noch die Reste der einstigen gleichnamigen Burg. Auffallend ist ein mächtiger Steinbau mit romanischen Resten, wobei es sich um das einstige Hauptwohngebäude, den so genannten Palas, handelt. Zu erkennen sind noch Reste romanischer Fenster. Das gotische Spitzbogenportal an der Westseite geht auf die Zeit Erzherzog Sigmunds des Münzreichen zurück. Verschiedene Tiroler Landesfürsten, vor allem Kaiser Maximilian I., benutzten die Burg als Stützpunkt für Gamsjagden in der Martinswand. Aus der einstigen Burgkapelle ist das Martinskirchlein mit einem spätgotischen Netzrippengewölbe hervorgegangen. Zur Inneneinrichtung gehören eine Darstellung der Mantelspende des hl. Martin, eine spätgotische Madonna mit Kind und ein Kruzifix aus dem 17. Jahrhundert. Die anderen Gebäude gehören zu einem Kloster.

Aus der Geschichte
Schon in prähistorischer Zeit lässt sich auf dem Felshügel Siedlungstätigkeit nachweisen. Die Römer errichteten hier das Nachschublager Teriolis und eine Innbrücke, über welche die Straße vom Brenner über das Römerlager Veldidena bei Innsbruck nach Augsburg führte. Verschiedene Tiroler Landesfürsten benutzten die kleine Burganlage aus dem Mittelalter als Jagdschloss. Im

Nordtirol
Innsbruck und Umgebung

Jahre 1888 gelangte Martinsbühel an die Benediktiner vom Stift St. Peter in Salzburg, die hier eine Art Handwerksschule errichteten. Nach dem Zweiten Weltkrieg zogen Schwestern des Benediktinerinnenklosters Scharnitz ein und betreuten hier eine Sonderschule. Die Wirtschaftsgebäude sind verpachtet.

Erreichbarkeit

Von der Tiroler Bundesstraße 171 zweigt östlich von Zirl ein Fahrweg direkt nach Martinsbühel ab.
Der Fußweg zur Maximiliansgrotte führt von Zirl aus über einen mit Drahtseilen gesicherten Steig in 1¼ Stunden ans Ziel und ist nur für geübte Wanderer zu empfehlen.
Die Ruine Fragenstein ist von Zirl aus zu Fuß erreichbar, feste Schuhe sind notwendig.

Sehenswertes in der Umgebung

Direkt über Martinsbühel erhebt sich senkrecht die Martinswand mit der Maximiliansgrotte, ein beliebtes Klettergebiet. Der Sage nach soll sich Kaiser Maximilian I. auf einer Jagd hier verstiegen haben und von einem Engel in Verkleidung eines Hirten gerettet worden sein.
Nördlich des Dorfes Zirl ragen im bewaldeten Felsgelände die beiden noch erhaltenen Türme der Ruine Fragenstein auf, Reste der einst mächtigen Burg. Hier führte die Straße über den Zirler Berg nach Augsburg. Vermutlich im 12. Jahrhundert gründeten die Grafen von Andechs eine Burg zur Sicherung der Salzstraße. Den Namen erhielt sie von den Herren von Fragenstein. Im Zuge des Einfalls der Bayern 1703 wurde die Anlage großteils zerstört.

Was man sehen muss

– wuchtiger Hauptteil der einstigen Burg Martinsbühel
– spätgotische Martinskapelle mit Kreuzrippengewölbe
– Madonna mit Kind, Kruzifix und Darstellung der Mantelspende des hl. Martin in der Martinskapelle
– Felsmassiv der Martinswand mit Maximiliansgrotte
– zwei Türme als Reste der einstigen Burg Fragenstein
– herrlicher Blick auf das Inntal von der Burg Fragenstein aus

Ruine Fragenstein mit Blick auf Zirl

Schloss Mentlberg
Ein Hauch von Romantik aus dem 19. Jahrhundert

Schloss Mentlberg
Amt der Tiroler Landesregierung
Eduard-Wallnöfer-Platz 3
A-6020 Innsbruck
Tel. +43 (0)512 508-0
www.tirol.gv.at

Lage
Westlich von Innsbruck nahe der Straße zwischen Innsbruck und Völs.

Öffnungszeiten
Öffentlich nicht zugänglich, von außen zu besichtigen. Kapelle vor dem Schloss tagsüber bis zum Gitter geöffnet.

Was uns erwartet
Südwestlich von Innsbruck liegt etwas oberhalb der Bundesstraße nach Völs das romantisch anmutende Schloss Mentlberg, das nach dem Vorbild der französischen Loireschlösser im Stil des Historismus errichtet wurde. Schon von weitem fällt dem Besucher der vorspringende Eingangsturm mit dem steil aufragenden Dach und den kleinen zeltgedeckten Eckerkern auf. Von der einst prächtigen Innenausstattung ist nur mehr ein schön getäfelter Raum im Erdgeschoss erhalten. Interessant sind verschiedene Details an der Eingangsfassade wie etwa Fenstereinfassungen und die große Uhr. Das Schloss ist umgeben von Wiesen und Wäldern. Eine Treppe führt zur Schloss- und Wallfahrtskapelle mit der Bezeichnung „Schmerzhafte Muttergottes auf der Gallwiese". Sehenswert dort sind die Fresken von Matthäus Günther, Votivbilder und eine Darstellung der Siebenschläfer.

Aus der Geschichte
Zu Beginn des 14. Jahrhunderts werden ein Meierhof des Klosters Wilten sowie ein Turm genannt. Der Hof gelangte an die Familie Mentlberger und wurde von Kaiser Maximilian I.

Nordtirol
Innsbruck und Umgebung

zum Ansitz erhoben. Im 17. Jahrhundert entstand eine Wallfahrt mit einer Kapelle. Im 19. Jahrhundert diente der Ansitz für einige Zeit als Hotel. 1905 ließ der französische Prinz Ferdinand von Bourbon-Orleans den Ansitz zum jetzigen Schloss umbauen. Er war mit Sophie, der Schwester von Kaiserin Elisabeth (Gattin von Kaiser Franz Joseph), verheiratet. Heute ist Mentlberg im Besitz des Landes Tirol und beherbergt verschiedene Amtsräume.

Erreichbarkeit

Wer von Innsbruck in Richtung Völs auf der südlichen Talseite fährt, benutzt gleich nach der Überführung der Bahn links die Seitenstraße (Hinweisschild Schloss Mentlberg) und gelangt mit dem Auto direkt zum Schloss. Vor dem Schloss sind Parkplätze vorhanden.

Sehenswertes in der Umgebung

Einen Besuch wert ist die Kapelle „Zur Schmerzhaften Muttergottes auf der Gallwiese". Christoph II. von Khuepach, kaiserlicher Offizier im Dreißigjährigen Krieg, brachte aus einer Kapelle in der Nähe von Ulm eine verwitterte Muttergottesstatue mit dem Leichnam Christi nach Tirol und stellte diese in der Mentlberger Kapelle auf. Aufgrund wundertätiger Heilungen entstand rasch eine beliebte Wallfahrt unter der Obsorge des Klosters Wilten. Zahlreiche Votivtafeln erinnern an die Rettung aus verschiedenen Notlagen. Besonders bekannt sind die so genannten „Siebenschläfer", die als Fürbitter bei hohem Fieber und zur Rettung aus Todesschlaf verehrt wurden. Die heutige Kapelle im Stil des Rokoko stammt aus dem Jahr 1770 und ist mit Fresken von Matthäus Günther geschmückt.

Was man sehen muss

- Schloss im Stil der Loireschlösser
- Details der Architektur beim Eingangsturm
- Panoramablick über das Inntal von Schloss Mentlberg aus
- Wallfahrtskapelle „Zur Schmerzhaften Muttergottes auf der Gallwiese"
- Rokokokapelle mit Stuck und farbenfrohen Fresken
- Votivbilder in der Kapelle
- Darstellung der „Siebenschläfer" in der Kapelle

Schlosskapelle Mentlberg

51 Kaiserliche Hofburg
Maria Theresias Schönbrunn der Alpen

Kaiserliche Hofburg zu Innsbruck
Burghauptmannschaft
Österreich Wien – Innsbruck
Rennweg 1
A-6020 Innsbruck
Tel. +43 (0)512 587186
www.hofburg-innsbruck.at

Lage
Im Zentrum von Innsbruck.

Öffnungszeiten
Ganzjährig: 9–17 Uhr durchgehend, letzter Einlass 16.30 Uhr. Kein Ruhetag.

Was uns erwartet

Als größter Gebäudekomplex der Innsbrucker Altstadt gruppiert sich die Kaiserliche Hofburg um drei Höfe. Neben zahlreichen Büros und Wohnräumen beherbergt sie Prunkräume aus der Zeit Maria Theresias. Schon allein die monumentale Fassade zum Rennweg und zum Theater hin ist einen Blick wert. Der Festsaal, bezeichnet als Riesensaal, weil dort zur Zeit Kaiser Maximilians I. angeblich Bilder von Riesen hingen, erinnert mit seinen zahlreichen Porträts an die Familie der berühmten Herrscherin. Das große Deckenfresko verherrlicht die Häuser Habsburg und Lothringen, die kleineren geben Hinweise auf die Reichtümer Tirols. In der Kapelle, einst ein Dienerzimmer, verstarb 1765 Kaiser Franz Stephan I. von Lothringen, der Gatte Maria Theresias. Zahlreiche Porträts in den weiteren Räumlichkeiten zeigen Mitglieder der Häuser Habsburg und Habsburg-Lothringen. Gardesaal, Lothringerzimmer, Blauer Salon, Gelber Salon, Chinesenzimmer etc. sind eine Wanderung durch die ruhmvolle Vergangenheit Österreichs.

Aus der Geschichte

Um 1420 verlegte Herzog Friedrich IV. mit der leeren Tasche den Tiroler „Regierungssitz" von Meran nach Innsbruck und erwarb dafür einige Häuser und Grundstücke im Bereich der späteren Hofburg. Sein Sohn Erzherzog Sigmund der Münzreiche begann mit dem Bau der

Nordtirol
Innsbruck und Umgebung

Anlage. Kaiser Maximilian I. ließ die Burg weiter ausbauen und kurz nach 1500 den Wappenturm am Ausgang der Hofgasse anfügen. In der engen mittelalterlichen Burg wohnte zehn Jahre lang Anna von Ungarn, die Gattin Kaiser Ferdinands I. Der große Umbau zur heutigen Anlage im Stil des Rokoko erfolgte um 1755 und um 1770 im Auftrag Maria Theresias, die zweimal in Innsbruck weilte und auf deren Wunsch ihr Sohn Erzherzog Leopold im Jahre 1765 die spanische Prinzessin Maria Ludovica hier in Innsbruck heiratete. Während der Feierlichkeiten starb damals Kaiser Franz I. Stephan von Lothringen.

Erreichbarkeit
Die Hofburg liegt im Stadtzentrum von Innsbruck, nur wenige Meter vom Goldenen Dachl entfernt. Vom Hauptbahnhof sind es ca. 10 Minuten zu Fuß; wer mit dem Auto anreist, parkt am besten in der Tiefgarage beim Congress.

Sehenswertes in der Umgebung
Direkt neben der Hofburg befinden sich außerhalb der Altstadt einige bedeutende Gebäude und Denkmäler: Congress, Tiroler Landestheater, Stadtsäle, Leopoldsbrunnen, Volkskunstmuseum und die Hofkirche. Kaiser Maximilian I., gestorben 1519, war sehr darauf bedacht, sich zu Lebzeiten ein „Gedechtnus" zu schaffen, damit er nach seinem Tod nicht vergessen werde. Dazu sollte ein großes Grabmal gehören. Doch sagte der Herrscher nie, wie dieses aussehen und wo es stehen sollte. Sein Enkel Kaiser Ferdinand I. ließ 1553–1563 in Innsbruck die Hofkirche mit dem großen, allerdings leeren Grabmal und den 28 überlebensgroßen Bronzestatuen („Schwarze Mander") von Familienmitgliedern, Vorfahren und Vorbildern errichten. Es handelt sich um das größte deutsche Kaisergrabmal. Beigesetzt wurde Maximilian auf eigenen Wunsch in Wiener Neustadt.

Was man sehen muss
- prunkvolle Rokokofassade
- Riesensaal mit Porträts der Familie Maria Theresias
- Deckenfresken im Riesensaal
- Kapelle als Sterberaum Kaiser Franz' I. Stephan von Lothringen
- weitere Prunkräume in der Hofburg
- großer Innenhof
- Hofkirche mit den „Schwarzen Mandern"
- (leeres) Grabmal Kaiser Maximilians I. in der Hofkirche
- Grabmal des Freiheitshelden Andreas Hofer in der Hofkirche
- das Goldene Dachl als Zentrum von Innsbruck

Hofburg (links), Figur der Maria von Burgund in der Hofkirche (rechts)

52 Ansitz Büchsenhausen
Barocke Festlichkeit am Rande der Stadt

Ansitz Büchsenhausen
Innsbruck Tourismus
Burggraben
A-6020 Innsbruck
Tel. +43 (0)512 59850
www.innsbruck-tourismus.com

Lage
Stadtteil St. Nikolaus in Innsbruck.

Öffnungszeiten
Der Ansitz ist öffentlich nicht zugänglich und kann nur von außen besichtigt werden.

Die Pfarrkirche St. Nikolaus ist tagsüber geöffnet, jedoch durch ein Gitter abgesperrt.

Was uns erwartet
Im Innsbrucker Stadtteil St. Nikolaus fällt der stattliche, unregelmäßig gestaltete, gelb-rot bemalte Ansitz Büchsenhausen mit seinen Türmchen, Erkern und teilweise barocken Stuckverzierungen schon von weitem auf. Die Bezeichnung geht auf ein ehemals berühmtes „Büchsenhaus" (Gusshütte für Glocken und Geschütze) zurück. Neben den Wohntrakten entstanden im Laufe der Zeit zahlreiche andere Bauten, entweder entlang der Straße oder um Höfe gelegen. Dazu gehörten eine Bierbrauerei, eine Gusshütte, ein Weinkeller, ein Gasthaus u. a. Beliebt war auch das einstige Schwimmbad, das jedoch geschlossen ist. Direkt an der Straße führt ein großer Barockbogen mit einer Statue des hl. Johannes Nepomuk in einen kleinen Vorhof, von dem eine herrschaftliche Treppe zum Eingang emporsteigt. Die Kapelle beherbergt ein Altarblatt des Tiroler Barockmalers Martin Knoller. Heute wird Büchsenhausen vielseitig genutzt. Im Künstlerhaus befinden sich mehrere Ateliers und Wohnstudios, die von vorwiegend Tiroler Künstlern angemietet werden können.

Aus der Geschichte
Um 1500 entstand hier die Gusshütte von Peter Löffler, in der u. a. Geschütze, Glocken und zahlreiche

Nordtirol
Innsbruck und Umgebung

Bronzefiguren für die Hofkirche in Innsbruck gegossen wurden. 1539 ließ Gregor Löffler neben der Gusshütte einen Ansitz errichten. Der Tiroler Landesfürst Erzherzog Maximilian III. der Deutschmeister verpachtete Gusshütte und Ansitz an den Gießer Heinrich Reinhart. Der wohl bekannteste Besitzer war Wilhelm Bienner, der als Kanzler im Dienst der Regentin Claudia de' Medici stand, der Witwe Erzherzogs Leopold V. Von 1686 bis 1833 gehörte Büchsenhausen der Familie Lama und wurde von Johann Martin Gumpp d. Ä. im Barockstil umgebaut und erweitert. Nach Johann Nepomuk Mahl-Schedl erwarb 1869 die Familie Nissl die Anlage.

Erreichbarkeit

Im Innsbrucker Stadtteil St. Nikolaus zweigt man von der auf der nördlichen Innseite gelegenen Straße zur Pfarrkirche St. Nikolaus ab, von dort nach rechts in Richtung Alpenzoo. Parkplätze sind entlang der Straße vorhanden.

Sehenswertes in der Umgebung

Es bietet sich ein kurzer Besuch des Stadtteils St. Nikolaus und der neugotischen Pfarrkirche gleichen Namens an. Als 1133 die Grafen von Andechs nach der Zerstörung ihrer Burg Ambras von der südlichen Talseite auf die nördliche wechselten, gründeten sie zwischen Inn und dem Abhang der Nordkette eine erste Siedlung, den Ursprung von Innsbruck. Heute liegen dort die Stadtteile Mariahilf und St. Nikolaus. Unterhalb der Kirche sind in der St.-Nikolaus-Gasse und entlang der Innstraße noch mittelalterliche Häuser mit netten Torbögen, Bemalungen und Heiligenstatuen vorhanden.

Eingangsbereich von Büchsenhausen (oben), Büchsenhausen im Jahr 1811 (TLMF, Aigner-Codex)

Was man sehen muss

– weit ausgedehnte Anlage
– Türmchen, Uhrturm, Erker, barocker Stuck
– schön gestalteter Eingangsbereich (Treppe und Arkaden)
– Statue des hl. Johannes Nepomuk beim Barockportal
– kleiner Garten vor dem Haupteingang, mehrere Innenhöfe
– Stadtteil St. Nikolaus mit mittelalterlichen Häusern
– neugotische Pfarrkirche St. Nikolaus

53 Ansitz Weiherburg
Jagdschloss neben dem Alpenzoo

Ansitz Weiherburg
IIG – Innsbrucker Immobilien
GmbH & Co KEG
Rossaugasse 4
A-6020 Innsbruck
Tel. +43 (0)512 4004-0
www.iig.at

Lage
Beim Alpenzoo in Innsbruck.

Öffnungszeiten
Grundsätzlich nur von außen zu besichtigen.
Alpenzoo: ganzjährig geöffnet, April–Oktober 9–18, November–März 9–17 Uhr.

Alpenzoo Innsbruck
Weiherburggasse 37
A-6020 Innsbruck
Tel. +43 (0)512 292323
www.alpenzoo.at

Was uns erwartet
Der spätgotische Ansitz Weiherburg liegt auf dem Abhang der Nordkette unterhalb der Hungerburg. Während an der Nord- und Westseite der Alpenzoo anschließt, dehnt sich gegen Süden und Osten ein weiter Park aus. Der nach Süden gerichtete dreigeschossige, rechteckige Wohnturm besitzt ein Walmdach und vier hoch angesetzte Eckerker. Diese verfügen über ein breites Mittelfenster mit einer querovalen Luke darüber. An der Südfassade ist das Wappen von Philipp Wörndle von Adelsfried, einem Besitzer im 18. Jahrhundert, aufgemalt. Der Wohnturm weist Quadermalerei auf, wobei die Hauskanten und die Erkerfüße betont sind. In jedem Geschoss befindet sich ein großer Raum, im Erdgeschoss ein mächtiges Netzgratgewölbe. Die später nördlich angebauten Trakte wirken eher gesichtslos. Zwei Räume sind von besonderem Interesse, die gotische Annakapelle mit neugotischen Fresken und der Langenmantelsaal aus der Zeit um 1565 mit dekorativen Wandmalereien und gemalten Wappen der Mitglieder der Familie Langenmantel.

Aus der Geschichte
1420 verlegte Herzog Friedrich IV. mit der leeren Tasche seinen Regierungssitz von Meran nach Innsbruck, weshalb sich zahlreiche Adelige und Bürger in der Umgebung der Stadt Ansitze errichten ließen. So auch Christian Tänzl, der später die Weiherburg an Erzherzog Sigmund den Münzreichen verkaufte. Von den

Nordtirol
Innsbruck und Umgebung

Abbildung von Kaiser Maximilian mit einem Jagdhund

weiteren Besitzern seien nur Oswald von Hausen, Veit Langenmantel, die Mutter der Philippine Welser, die beiden Söhne Erzherzog Ferdinands II., Ignaz Ehrenreich von Weinhart und Dr. Philipp Wörndle von Adelsfried genannt. Kaiser Maximilian I. war hier gerne zu Gast. 1911 gelangte der Ansitz in den Besitz der Stadt Innsbruck, die ihn renovieren ließ und für festliche Anlässe verwendet. Die Bezeichnung Weiherburg stammt von einem ehemaligen Fischweiher.

Erreichbarkeit
Die Weiherburg kann direkt mit dem Auto erreicht werden. Von der Innstraße auf der nördlichen Innseite (Beschilderung Alpenzoo) fährt man im Stadtteil St. Nikolaus vorbei an der gleichnamigen Pfarrkirche und an Schloss Büchsenhausen zum Alpenzoo. Parkplätze sind vorhanden.

Sehenswertes in der Umgebung
Direkt neben dem Ansitz liegt der Alpenzoo, der höchstgelegene Zoo Europas. Im Jahre 1591 ließ Erzherzog Ferdinand II. hier einen Tiergarten errichten. 1962 gründete Prof. Hans Psenner in der Tradition dieses Tiergartens den Alpenzoo. Dort werden ausschließlich Tiere gehalten und gezüchtet, die in den Alpen leben oder früher dort gelebt haben: Wisent, Adler, Braunbär, Fischotter, Luchs, Wildkatze, Steinbock etc. Mehr als 2000 Tiere von 150 Arten sind vertreten.

Was man sehen muss
– spätgotischer Tiroler Ansitz
– schöne Außengestaltung mit Erkern und Quadermalerei
– Annakapelle
– Langenmantelsaal
– ausgedehnter Park zum Wandern
– Alpenzoo

54 Schloss Ambras
Prunkvolle Renaissanceperle inmitten eines englischen Parks

Renaissanceschloss Ambras
Schlossstraße 20
A-6020 Innsbruck
Tel. +43 (0)1 52524-4802
www.khm.at/ambras

Lage
Südöstlich von Innsbruck.

Öffnungszeiten
Ganzjährig, außer im November und am 25. Dezember, 10–17 Uhr durchgehend, im August bis 19 Uhr.

Habsburger-Porträtgalerie und Gotiksammlung vom 1.4. bis 31.10. geöffnet.

Was uns erwartet
Im Südosten von Innsbruck liegt inmitten eines weiten englischen Parks das Renaissanceschloss Ambras, einst Sitz von Erzherzog Ferdinand II. und seiner bürgerlichen Gattin Philippine Welser. Die großen Räume im Unterschloss beherbergten einst die reiche „Kunst- und Wunderkammer" des Fürsten, die heute großteils in Wien ist. In Ambras sind noch wertvolle Rüstungen, Kunstwerke aus Korallen, Bilder von Haarmenschen, kunstvolle Drechselarbeiten, venezianische Gläser etc. zu bewundern. Zu Füßen des Hochschlosses erinnert der Spanische Saal mit seiner herrlichen Kassettendecke und kunstvollen Fresken an die Festlichkeiten vergangener Zeiten. Im Hochschloss befanden sich die Wohn- und Gästeräume des Fürstenpaares; hier ist heute die Habsburgergalerie mit zahlreichen Porträts von Habsburgern und Mitgliedern anderer europäischer Fürstenfamilien aus der Zeit von 1400 bis 1800 untergebracht. Eine weitere Attraktion ist das große Badezimmer aus dem 16. Jahrhundert.

Aus der Geschichte
Schon im 10. Jahrhundert dürfte eine Burganlage der bayerischen Grafen von Andechs bestanden haben, die Teile des Inntals besaßen. 1133 wurde die Burg Ambras zerstört, die Andechser ließen sich auf der Nordseite des Inntals nieder und gründeten 1180 Innsbruck. 1564–1583 ließ Erzherzog Ferdinand II. anstelle der Reste der Burg Ambras das heutige Renaissanceschloss für seine erste Gattin Philippine Welser erbauen, die

Nordtirol
Innsbruck und Umgebung

Judith mit dem Haupt des Holofernes in der Basilika Wilten (oben), Basilika Wilten (unten)

Was man sehen muss

— Park von Schloss Ambras
— Rüstungen im Unterschloss
— Kunst- und Wunderkammer im Unterschloss
— Spanischer Saal mit Kassettendecke und Malereien Tiroler Landesfürsten
— Bad im Hochschloss
— Gotiksammlung im Hochschloss
— Habsburgergalerie im Hochschloss
— Rokokostuck und -malereien in der Basilika Wilten
— frühbarocke Stiftskirche Wilten

als Bürgerliche nicht in der Hofburg wohnen durfte. Als Zentrum von Kunst und Kultur und Mittelpunkt zahlreicher Festlichkeiten wurde Ambras damals bekannt. In der Folge befand sich Ambras im Besitz verschiedener Habsburger, bevor es ein Museum wurde.

Erreichbarkeit
Abfahrt Innsbruck-Mitte von der Inntalautobahn (A 12), im Kreisverkehr der Beschilderung Schloss Ambras folgen. Die Straße führt weiter in Richtung Aldrans, Lans, Sistrans.

Sehenswertes in der Umgebung
Wenn man mit dem Auto von Schloss Ambras kommend links (westwärts) in den Südring einbiegt, befinden sich links das Fußballstadion und die Eishalle. Nach der Olympiabrücke biegt man nach links ab und sieht rechter Hand die gelb-weiße Basilika Wilten, innen reich mit Rokokostuckaturen und mit farbenfrohen Fresken ausgestattet. Unweit der Basilika dehnt sich Stift Wilten mit seiner herrlichen Frühbarockkirche und verschiedenen Prunkräumen aus. Rund um den Bergisel, südlich vom Stift, fanden im Jahre 1809 vier denkwürdige Schlachten im Zuge der Freiheitskämpfe der Tiroler gegen die Bayern und Franzosen statt. Daran erinnert ein Denkmal des Anführers Andreas Hofer. Ein Wahrzeichen von Innsbruck ist die neue Bergisel-Sprungschanze der britisch-irakischen Architektin Zaha Hadid.

55 Burgkapelle Aufenstein
Rundgang durch frühgotische Fresken

Ehemalige Burgkapelle Aufenstein und Kapelle St. Kathrein
Tourismusverband Wipptal
Ortsstelle Navis, Unterweg 39
A-6143 Navis
Tel. +43 (0)5278 6408
www.wipptal.at

Wallfahrtskirche Maria Waldrast
A-6143 Mühlbachl – Matrei am Brenner
Tel. +43 (0)5273 6219
www.tiscover.at/maria-waldrast

Lage
Südlich von Matrei am Eingang ins Navistal.

Öffnungszeiten
Burgkapelle Aufenstein: ganzjährig während des Tages, Schlüssel beim Bauernhof vor der Kirche.
Öffnungszeiten Wallfahrtskirche Maria Waldrast: ganzjährig.

Was uns erwartet
Hoch über dem Eingang ins Navistal, einem Seitental des Wipptals nahe Matrei am Brenner, stehen auf einem vorspringenden Hügel die Kirchen St. Katharina und die ehemalige doppelgeschossige Kapelle von Burg Aufenstein. Von der Katharinenkapelle führt eine Türe in die Burgkapelle, in der sich die bedeutendsten frühgotischen Fresken Nordtirols befinden, datiert um 1340. In der Unterkapelle sind eine Auferstehung Christi, die Begegnung Christi mit den Heiligen Frauen (Apsis), eine Kreuzigung mit Stifterfiguren, ein Jüngstes Gericht und der Triumph des Todes (Südseite), Darstellungen der Hauptlaster mit Musikanten und Tanzenden (Westwand) und der hl. Michael (Nordwand) zu erkennen. Die Oberkapelle zeigt Stifterfiguren, verschiedene Heilige, das Pfingstwunder, die zwölf Apostel, den Schmerzensmann, eine Schutzmantelmadonna (Ostwand), eine thronende Maria mit Kind, Anbetung und Zug der Heiligen Drei Könige, Darstellung im Tempel und Marientod, Gastmahl im Hause Simon (Ost- und Südwand), hl. Christophorus und Fragmente von Personen (Nordwand). In der Unterkapelle befinden sich Sekkomalereien vom Ende des 16. Jahrhunderts.

Aus der Geschichte
Die Herren von Aufenstein, Ministerialen der Grafen von Tirol, sind im 13. Jahrhundert belegt. In ihrem Wappen befand sich ein Uhu, im Mittelalter „Auf" genannt. Zu Beginn des 13. Jahrhunderts errichteten sie ihre Stammburg Aufenstein, von wo aus sie die Brennerstraße kontrollierten. Unter Margarete Maultasch wurde die Burg 1335 belagert und ging an Heinrich von Rottenburg über.

Nordtirol
Innsbruck und Umgebung

Es folgten mehrere Besitzer. Im Laufe des 15. Jahrhunderts verfiel die Burg, an ihrer Stelle wurde 1474 die Katharinenkapelle erbaut. Erhalten sind nur noch die Burgkapelle und einige Stützmauern im Westen.

Erreichbarkeit

Von Matrei am Brenner (Abfahrt von der A 13) fährt man mit dem Auto in Richtung Navis, am Eingang des Navistales weist rechts ein Wegweiser zur Burgkapelle. Von dieser Abzweigung führt eine enge und steile Straße direkt zur Kapelle, Parkmöglichkeit für einige PKWs ist vorhanden.

Sehenswertes in der Umgebung

Von Matrei am Brenner (Abzweigung am nördlichen Ortsrand) führt eine Privatstraße in rund 20 Minuten zum bekannten Wallfahrtsort Maria Waldrast. Wallfahrtskirche und Kloster, in einer herrlichen Gebirgslandschaft gelegen und Ausgangspunkt für zahlreiche Bergwanderungen, werden vom Servitenorden betreut. Das Gnadenbild, eine geschnitzte Madonna mit Jesuskind, stammt aus dem 15. Jahrhundert. Der Legende nach sollen zwei Hirtenbuben im Jahre 1407 in einer hohlen Lärche ein geschnitztes Muttergottesbild gefunden und es nach Matrei gebracht haben. Dort befahl eine Stimme einem Holzhacker, auf der Waldrast eine Kapelle zu bauen. Die heutige Anlage entstand ab dem 17. Jahrhundert.

Was man sehen muss

- zweigeschossige Burgkapelle
- frühgotische Fresken in der Burgkapelle
- spätgotische Katharinenkapelle
- Maria und Johannes einer Kreuzigungsgruppe
- Ausblick auf das Wipptal
- Wallfahrtsort Maria Waldrast

Wallfahrtskloster Maria Waldrast

56 Burgruine Thaur
Reste einer einst mächtigen Burganlage

Burgruine Thaur
Tourismusverband Region
Hall – Wattens
Wallpachgasse 5
A-6060 Hall in Tirol
Tel. +43 (0)5223 45544
www.regionhall.at

Romediuskirche
Pfarramt Thaur
Kirchgasse 5
Tel. +43 (0) 5223 492850

Lage
Nördlich des Dorfes Thaur.

Öffnungszeiten
Ruine auf eigene Gefahr teilweise frei zugänglich.
Romediuskirche meist geschlossen.

Was uns erwartet
Rund 100 m oberhalb des Dorfes Thaur fallen die Ruinenreste der Burg Thaur auf, die zu den größten und prunkvollsten Burgen im Inntal zählte. Der Weg vom Ort aus führt durch eine neugotische, mit Zinnen bekrönte Portalanlage, vorbei an Bildstöcken und Kalvarienberg-Kapellen. Vorbei am Romedikirchlein gelangt man zur Burg. Am besten erhalten ist die einstige Barbakane, eine Vorburg, die den im Nordwesten gelegenen Zugang sicherte. Davor befand sich ein Graben mit Zugbrücke. An die Barbakane schlossen der heute großteils aufgefüllte Halsgraben und die Hochburg an. Der Halsgraben, der die beiden Bauwerke verband, wird von zwei Rundbögen überbrückt, über denen noch die Balkenlöcher eines ehemaligen Wehrgangs erkennbar sind. Von einem Rundturm sind die Mauern noch bis zum ersten Stock erhalten. An der Nordseite steht noch eine rund 5 m hohe Mauer. Von einem weiteren Turm ist das spitzbogige Tor zu sehen. Das einstige Aussehen der Burg lässt sich leider nur mehr erahnen.

Aus der Geschichte
Die Anfänge der Burg sind im 11. Jahrhundert zu suchen. Damals war Thaur dank seiner Salzquellen und als Stapelplatz für das im Halltal gewonnene Salz ein bedeutender Ort. Zuerst war die Burg im Besitz der bayerischen Grafen von Andechs, die schon im 10. Jahrhundert im Inntal Besitz hatten und 1180 Innsbruck gründe-

Nordtirol
Innsbruck und Umgebung

ten. Nach den Andechsern folgten die Grafen von Tirol. Gebhard von Hirschberg erhielt die Anlage 1254 und ließ sie großzügig ausbauen. Von 1283 bis 1809 bestand der Gerichtssitz Thaur. 1284 war Graf Meinhard II. von Tirol-Görz der Besitzer, im 14. Jahrhundert folgten die Habsburger. Durch die heftigen Erdbeben 1670 verfiel die Burg zur Ruine.

Erreichbarkeit

Vom Dorf Thaur kann man in rund 30 Minuten von der Pfarrkirche aus auf teilweise steilem Weg die Ruine erreichen (Pfarrkirche – Richtung Norden Kirchgasse und Schlossgasse). Man kann auch mit dem Auto rechts von der Pfarrkirche durch die Schulgasse und Stollengasse bis zum Kinderspielplatz am Waldrand im Ortsteil Kapons fahren und von dort in ca. 15 Minuten zur Ruine wandern.

Sehenswertes in der Umgebung

Auf dem Weg zur Ruine Thaur liegt östlich am Waldrand das Romedikirchlein. Der hl. Romedius, Sohn eines Grafen von Thaur, lebte vermutlich im 11. Jahrhundert. Er zog sich als Einsiedler in eine Felsenhöhle zurück, verschenkte seinen Besitz an Arme und reiste nach Rom. Nach seiner Rückkehr ließ er sich am Nonsberg im Trentino nieder. Der Legende nach zerriss ein Bär sein Pferd, als er den Bischof von Trient besuchen wollte. Romedius soll den Bären gezähmt haben und auf ihm nach Trient geritten sein. Die kleine Barockkirche mit Rokokoeinrichtung (1779) ist den hll. Petrus und Paulus geweiht. Innen befinden sich Fresken mit Szenen aus dem Leben der beiden Heiligen sowie eine Statue des hl. Romedius. Mehrere Votivbilder mit dem Heiligen erinnern an Gebetserhörungen.

Was man sehen muss

- einst eine der größten Burgen im Inntal
- Reste der Barbakane
- Reste des Toreingangs
- Ausblick auf das Inntal
- Romedikirchlein mit Rokokoausstattung und Fresken
- Statue des hl. Romedius im Romedikirchlein

Romediuskirche

57 Burg Hasegg
Verteidigung von Brücke, Straße, Sudhaus und Münze

Burg Hasegg mit Erlebnis Münze Hall und Münzerturm
Burg Hasegg 6
A-6060 Hall in Tirol
Tel. +43 (0)5223 5855-165
www.muenze-hall.at

Tourismusverband Region Hall – Wattens
Wallpachgasse 5
A-6060 Hall in Tirol
Tel. +43 (0)5223 45544
www.regionhall.at
www.hall-in-tirol.at

Lage
Hall in Tirol, Unterer Stadtplatz in der Talsohle.

Öffnungszeiten
April bis Oktober, Dienstag bis Sonntag 10–17 Uhr.
Montag geschlossen.

November bis März (von der 3. Jännerwoche bis zur 2. Märzwoche nur für Gruppen nach Voranmeldung geöffnet).
Dienstag – Samstag 10–17 Uhr, Sonntag und Montag geschlossen.

TIPP

Burgtaverne Hasegg
Im Kellergewölbe der Burg Hasegg befindet sich die Burgtaverne. Nach einem Besuch in der Münzprägestätte werden Sie in den historischen Gemäuern oder im Gastgarten mit Tiroler Hausmannskost verwöhnt.

Burgtaverne zu Hall
Martin Klausner
Burg Hasegg 3
A-6060 Hall in Tirol
Tel. +43(0)5223/56695
info@burgtaverne.at
Ganzjährig geöffnet
Kein Ruhetag

Was uns erwartet
Burg Hasegg umschließt einen rechteckigen Hof und gilt als ausgezeichnetes Beispiel einer mittelalterlichen Burganlage. Auf einer Hofseite führt ein gedeckter Gang in die oberen Stockwerke, wo das Haller Stadtmuseum und die Fürstenräume untergebracht sind. Eine besondere Attraktion sind das Museum der Münze Hall und der Münzerturm. Das Museum bietet einen ausgezeichneten Einblick in die Geschichte der Haller Münzprägung vom 15. Jahrhundert bis zur Gegenwart. Auf den 45 m hohen Münzerturm führt eine in Europa einzigartige dreiläufige Treppe. Von oben bietet sich ein herrlicher Rundblick auf die Stadt Hall und das Karwendelgebirge. Exponate der Stadtarchäologie und verschiedene wechselnde Ausstellungen beleben das Museum. Aus der Zeit um 1517 stammt die spätgotische Georgskapelle. Das Münzertor mit einem Wappenrelief aus dem Jahre 1489 führt zum alten Stadtgraben, von wo sich ein guter Blick auf die Burg bietet.

Aus der Geschichte
Hasegg ist eng mit der Geschichte der Stadt Hall verbunden. Im 13. Jahrhundert entstand außerhalb der Stadt ein Turm zum Schutz von Stadt, Saline, Innbrücke und Innschifffahrt. Der Ausbau erfolgte in den Jahrzehnten um 1500 unter Erzherzog Sigmund dem Münzreichen und Kaiser Maximilian I. Sigmund ließ 1477 die Münzprägung von Meran nach Hall verlegen und ab 1567 wurden die Haller Münzen in

Nordtirol
Innsbruck und Umgebung

Münzerturm (oben), Altstadt von Hall (unten)

Was man sehen muss

- mittelalterliche Burganlage
- Innenhof
- Museum Münze Hall – Geschichte der Münzprägung
- Münzerturm mit Ausblick auf die Stadt
- Museum der Stadt Hall
- Georgskapelle als Burgkapelle
- Spaziergang durch die mittelalterliche Altstadt
- Rathaus, Pfarrkirche, Magdalenenkapelle, Damenstift
- alte Plätze und Bürgerhäuser in der Stadt

Hasegg geprägt. Zur Schließung der Münze kam es 1809, die Räumlichkeiten wurden fortan als Wohnungen genutzt. Die siebziger Jahre des 20. Jahrhunderts brachten eine Neuaufnahme der Münzprägung, die Restaurierung der Burg und die Einrichtung des Münzmuseums.

Erreichbarkeit

Von der Inntalautobahn A 12 führt die Ausfahrt Hall-Mitte zur Innbrücke, an deren stadtseitigem Ende sich rechts ein großer Parkplatz befindet. Von dort sind es nur wenige Meter zur Burg Hasegg und zur historischen Altstadt.

Sehenswertes in der Umgebung

Hall in Tirol liegt rund 10 km östlich von Innsbruck, geht auf das 13. Jahrhundert zurück und war bis ins 19. Jahrhundert eine bedeutende Handelsstadt. Die vier Pfeiler des Wohlstands waren der Salzbergbau, die Münzprägung, der Verkehr über die Innbrücke und die Innschifffahrt, die in Hall ihr westliches Ende hatte. Dazu kamen noch Märkte, Gewerbe- und Gastbetriebe. Wie die anderen mittelalterlichen Städte Tirols war Hall von einer Stadtmauer und einem Stadtgraben umgeben. An die große Vergangenheit erinnern noch zahlreiche schöne Bürgerhäuser, die gotische Pfarrkirche mit der Waldaufkapelle, die Magdalenenkapelle, das Rathaus, das königliche Damenstift u. a.

58 Schloss Friedberg
Vergangenheit trifft Moderne

Schloss (Burg) Friedberg
Kleinvolderberg; A-6111 Volders
Tel. +43 (0)664 1312450
www.schlossfriedberg.com

Servitenkloster St. Karl
Volderwaldstr. 3; A-6111 Volders
Tel. +43 (0)5223 46084

Lage
Volders zwischen Hall und Wattens.
Klosterkirche zum hl. Karl Borromäus: westlich von Volders neben der Autobahn, eigener Autobahnparkplatz auf der Fahrspur von Innsbruck in Richtung Kufstein, von Wattens bzw. Volders Zufahrt über die Bundesstraße.

Öffnungszeiten
Friedberg kann für verschiedene Veranstaltungen gemietet werden, soll nach Renovierungsende ab dem Jahr 2009 wieder für Besucher geöffnet sein.
Karlskirche tagsüber geöffnet.

Was uns erwartet
Auf einem steilen Felsen im Süden des Inntales ragt bei Volders, westlich von Wattens, Schloss Friedberg auf. Vorbei an einem Rondell führt der Weg durch den Zwinger zum großen Tor. Die verschiedenen Gebäude sind um einen malerischen Innenhof mit einem Brunnen sowie einer Zisterne und Laubengängen angelegt und werden vom mächtigen Bergfried mit dem ehemaligen Gefängnis beherrscht. Durch den Felsuntergrund ist der Boden des Innenhofs sehr unregelmäßig gestaltet. Zu sehen sind noch die alte Rauchküche mit verschiedenen Kochgeräten, die Burgkapelle mit Deckenmalereien, der Fiegersaal mit Porträts verschiedener Adeliger und der Rittersaal mit Fresken aus der Zeit Kaiser Maximilians I. Diese Fresken stellen Jagd- und Landschaftsszenen sowie höfisches Leben dar. In den oberen Stockwerken sind Wohnräume und Büros untergebracht. Direkt um die Burg führt ein Weg, von dem aus es einiges zu entdecken gibt: Wandsicherungen, Erker, Fensterformen, Aborterker etc.

Aus der Geschichte
Vermutlich ließen schon die Grafen von Andechs um 1230 an dieser strategisch günstigen Stelle einen befestigten Wohnturm errichten. Die erste urkundliche Erwähnung findet sich 1268. In den folgenden Jahrhunderten entstanden mehrere weitere Wohntürme, die von einer Schildmauer umgeben waren. Durch Zwischenbauten entstand eine mittelalterliche Burg, die 1491 unter Kaiser Maximilian I. an die Familie Fieger gelangte, die durch den Schwazer Bergbau Reichtum erlangt hatte. Sie bauten die Burg aus, erhöhten den Bergfried und ließen das Rondell errichten. 1845 kam Friedberg an die Grafen Trapp, die es noch heute besitzen und in den Jahren 2006–2008 großzügig renovieren ließen.

Nordtirol
Innsbruck und Umgebung

Erreichbarkeit

Nach der Abfahrt Wattens von der Inntalautobahn (A 12) fährt man weiter in Richtung Volders, beim Kreisverkehr in Volders weist ein Schild auf Friedberg hin. Direkt am Fuß der Burg befindet sich ein Parkplatz, von dem aus man schnell zum Eingangstor gelangt.

Sehenswertes in der Umgebung

Eine Besonderheit in der Tiroler Kunstlandschaft stellt die Kirche zum hl. Karl Borromäus etwas westlich von Volders in Richtung Hall dar. Sie liegt direkt neben der Autobahn. Der Gelehrte und Arzt des Haller Damenstiftes Hippolyt Guarinoni ließ in den Jahren 1620–1654 das eigenwillige Gotteshaus im Stil des Manierismus erbauen. Der kreisförmige Hauptraum mit drei angebauten Kapellen weist in der Kuppel Fresken des Tiroler Malers Martin Knoller aus der Zeit um 1765 auf. Links und rechts vom Eingang

(Zubauten um 1700) Grabkapellen der Familien Fieger und Stachelburg. Östlich von Friedberg liegt der spätgotische Ansitz Aschach mit Renaissancehauben.

Was man sehen muss

- Rundgang um die Burg außen
- malerischer Innenhof
- alte Rauchküche
- Bergfried mit Gefängnis
- Kapelle
- Fiegersaal mit Porträts verschiedener Adeliger
- Rittersaal mit höfischen Fresken aus der Zeit um 1500
- Karlskirche Volders als manieristischer Bau mit kreisförmigem Grundriss
- Karlskirche Volders mit Fresken von Martin Knoller
- Ansitz Aschach nach Plänen der Hofbaumeister Giovanni und Alberto Lucchese

Karlskirche Volders (oben), hl. Karl Borromäus – Kuppelfresko in der Karlskirche Volders (unten)

59 Burg Freundsberg
Schwaz

60 Schloss Tratzberg
Jenbach

61 Schloss Thurneck-Rotholz
Rotholz

62 Burg Matzen
Reith im Alpbachtal

63 Burg Lichtwehr
Reith im Alpbachtal

64 Ruine Festung Rattenberg
Rattenberg

65 Wallfahrtsburg Mariastein
Mariastein

66 Schloss Itter
Itter

67 Festung Kufstein
Kufstein

Nordtirol
Tiroler Unterland

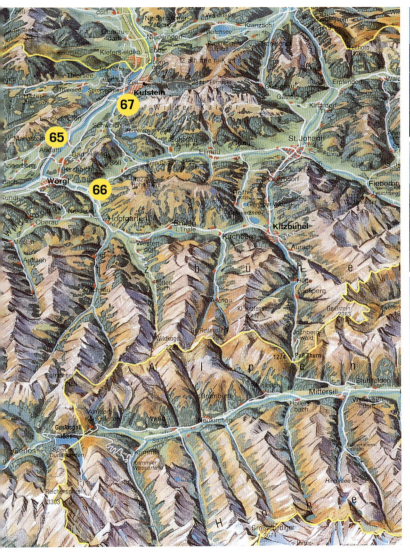

59 Burg Freundsberg
Vom herrschaftlichen Sitz zum Schwazer Heimatmuseum

Burg Freundsberg
Museum der Stadt Schwaz auf
Burg Freundsberg
Burggasse 55
A-6130 Schwaz
Tel. +43 (0)5242 63967
www.schwaz.at oder
www.silberregion-karwendel.at

Tourismusverband Silberregion
Karwendel
Franz-Josef-Straße 2
A-6130 Schwaz
Tel. +43 (0)5242 63240
www.silberregion-karwendel.at

Lage
Südlich von Schwaz.

Öffnungszeiten
April – Okt. 10–17 Uhr täglich
außer Donnerstag.
Burggasthof ganzjährig geöffnet,
außer Donnerstag.

Was uns erwartet
Auf einem steil aufragenden Hügel thront südlich der Stadt Schwaz Burg Freundsberg oder Frundsberg, Stammsitz der seit 1122 urkundlich nachweisbaren Herren von Freundsberg. Um einen kleinen Innenhof gruppieren sich der rund 20 m hohe, fünfgeschossige Bergfried, eine verhältnismäßig große Burgkapelle und zwei Nebengebäude. Die jetzige Burgkapelle, die den Pestpatronen Sebastian und Rochus geweiht ist, entstand im 17. Jahrhundert aus der einstigen Kapelle und dem Palas. Heute sind in der Burg eine Gaststätte und im großen Turm, dem letzten Rest der Anlage der Freundsberger, das Schwazer Heimatmuseum untergebracht. Im Museum erinnern zahlreiche Exponate an die Vergangenheit der Stadt, an die große Zeit des Bergbaus im 15. und 16. Jahrhundert, die Innschifffahrt, die Bruderschaften und Zünfte, die einstigen großen Gasthöfe etc. Eine Kostbarkeit stellt die Wandbemalung der Türmerwohnung im obersten Stockwerk des Bergfrieds dar, ein durch Jagdszenen belebtes Rankenwerk aus der Zeit Erzherzog Sigmunds des Münzreichen um 1475.

Aus der Geschichte
Die Herren von Freundsberg, Ministerialen der Grafen von Andechs und später der Tiroler Landesfürsten, dürften die kleine Burg um 1170 erbauen haben lassen. An diese früheste Zeit erinnert noch der untere Teil des Bergfrieds. Die Freundsberger sind eng mit der Geschichte von Schwaz verbunden und waren lange Zeit auch die Gerichtsherren. 1467 verkauften sie aufgrund der geänderten Verhältnisse durch den Bergbau ihren Besitz mit

Nordtirol
Tiroler Unterland

der Burg an den Tiroler Landesfürsten Erzherzog Sigmund den Münzreichen, der die Burg in „Sigmundsruh" umtaufte. Es folgten verschiedene Besitzer. Heute gehört Freundsberg der Stadt Schwaz.

Erreichbarkeit

Von Schwaz führt eine sehr gut beschilderte Straße entlang des Lahnbaches direkt zur Burg: Auf der A 12 (Inntalautobahn) wählt man die Abfahrt Schwaz, fährt beim Kreisverkehr rechts in die Münchner Straße in Richtung Schwaz, biegt bei der ersten Ampel links in die Marktstraße und fährt geradeaus weiter in die schmale Rennhammerstraße und folgt dann der Beschilderung. Zu Fuß führen mehrere Wege durch die Stadt auf die Burg.

Sehenswertes in der Umgebung

Ab ca. 1410 stieg Schwaz durch den Abbau von Silber und Kupfer für rund 200 Jahre zu einem der bedeutendsten Bergbauorte Mitteleuropas auf. Das alte Schwaz wurde 1809 im Zuge der Tiroler Freiheitskämpfe durch Bayern und Franzosen fast gänzlich zerstört. Die große spätgotische Pfarrkirche, die Friedhofskapelle, das Franziskanerkloster mit gemalten Szenen aus dem Leben und Leiden Christi im Kreuzgang, einzelne Innenhöfe, das Rathaus, das Fuggerhaus u. a. erinnern aber noch an die einstige Blütezeit. Auf der gegenüberliegenden Talseite steht in der Gemeinde Vomp das frühere Jagdschloss Sigmundslust, heute in Privatbesitz und nicht zu besichtigen. Auch Sigmundslust wurde 1809 großteils zerstört und im 19. Jahrhundert im Stil des Historismus wieder aufgebaut.

Was man sehen muss

– hoher Bergfried
– Schwazer Heimatmuseum
– Dekorationsmalereien mit Jagdszenen im obersten Geschoss des Bergfrieds
– Kapelle
– herrlicher Ausblick auf das Inntal
– größte gotische Hallenkirche Tirols in Schwaz
– Kirche des Franziskanerklosters in Schwaz
– Malereien im Kreuzgang des Franziskanerklosters in Schwaz
– Schloss Sigmundslust in Vomp

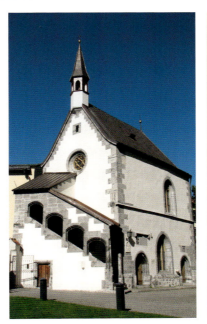

Friedhofskapelle in Schwaz (oben), Schloss Sigmundslust in Vomp (unten)

Schloss Tratzberg
Wandel der wehrhaften Gotik zur wohnlichen Renaissance

Schloss Tratzberg
Familienstiftung Schloss Tratzberg
A-6200 Jenbach
Tel. +43 (0)5242 63566
www.schloss-tratzberg.at

Lage
Ca. 100 m über der Talsohle zwischen Jenbach und Stans.

Öffnungszeiten
15. März – 2. November. Führungen täglich von 10 bis 16 Uhr; Juli und August verlängerte Öffnungszeiten: letzte Schlossführung um 17 Uhr.
Kein Ruhetag.
Vom Parkplatz Bummelzug „Tratzberg-Express".

Was uns erwartet
Zwischen Jenbach und Stans erhebt sich auf der nördlichen Talseite rund 100 m über der Talsohle Schloss Tratzberg, umgeben von einem herrlichen Mischwald. Die Anlage entstand im 16. Jahrhundert am Übergang von der Gotik zur Renaissance und zeigt den Wandel von der Burg zum Schloss. Prunkvoll ausgestattete Wohnräume weisen auf ein gesteigertes Wohnbedürfnis hin, Verteidigungseinrichtungen sind nur mehr spärlich vorhanden. Der Besucher betritt einen annähernd quadratischen Innenhof, dessen Wände mit Renaissancemalereien verziert sind. An die einstige Funktion als Jagdschloss erinnert das Jagdzimmer. Fuggerstube und Fuggerkammer sind holzgetäfelt und mit spätgotischen Möbeln ausgestattet. Als Höhepunkt ist der Habsburgersaal mit einem gemalten Stammbaum der Herrscherfamilie in Form von 148 halblebensgroßen Porträtfiguren von König Rudolf I. bis zu den Kindern Philipps des Schönen zu sehen. Frauenstüberl und Königinzimmer weisen schon auf die Renaissance hin. Ein Schmuckstück ist die Schlosskapelle. Die Rüstkammer ist mit Rüstungen und Waffen gut bestückt.

Aus der Geschichte
Kurz nach 1300 ist eine Burg an der Nordgrenze der Grafschaft Andechs gegen Bayern erwähnt, die jedoch um 1490 durch Brand zerstört wurde. Die Gewerken Veitjakob und Simon Tänzl, durch die Silber- und Kupfervorkommen im nahen Schwaz zu Wohlstand gelangt, ließen um 1500 den jetzigen Neubau errichten. Das Schloss hatte danach mehrere Besitzer, so etwa Mitglieder der

Nordtirol
Tiroler Unterland

Familien Fugger und Ilsung, bevor im 19. Jahrhundert die Grafen Enzenberg das Gebäude übernahmen. Heute ist Tratzberg im Besitz der Familie Ulrich Graf Goess-Enzenberg, die auch im Schloss wohnt und die Schauräume den Besuchern zugänglich macht.

Erreichbarkeit

Von Kufstein auf der Inntalautobahn (A 12) kommend wählt man die Abfahrt Wiesing und fährt weiter durch Jenbach in Richtung Stans. Von Innsbruck kommend verlässt man die Autobahn bei Schwaz und benutzt auf der nördlichen Talseite die Landesstraße in Richtung Stans und Jenbach. Etwas oberhalb des Talbodens befindet sich unterhalb des Schlosses ein großer Parkplatz, von dem aus man zu Fuß in rund 20 Minuten zum Schloss gelangt. Oder man benutzt vom Parkplatz aus den Bummelzug „Tratzberg-Express".

Sehenswertes in der Umgebung

Westlich von Schloss Tratzberg bietet sich die Möglichkeit eines Rundwanderwegs. Vom Parkplatz, aber auch vom Schloss aus gelangt man zu Fuß in rund 2 Stunden zum Kloster St.Georgenberg, einem der wichtigsten Wallfahrtsorte Tirols, auf einem steilen Felsen gelegen. Zentrum der Verehrung ist eine Statue der Muttergottes mit dem toten Jesus, eine so genannte Pietà. Das Wallfahrtskloster gehört zum Barockstift St. Georgenberg-Fiecht gegenüber von Schwaz auf der nördlichen Talseite, das direkt mit dem Auto erreichbar ist.
Sehenswert ist die Stiftsanlage als solche, vor allem aber die Stiftskirche zum hl. Josef mit herrlichen Fresken des bayerischen Künstlers Matthäus Günther, schönem Stuck und großen Altären.

Was man sehen muss

- einzigartiges Schloss am Übergang von der Gotik zur Renaissance
- Renaissanceinnenhof mit Arkaden
- holzgetäfelte Stuben mit originaler Inneneinrichtung
- zahlreiche Bilder, Statuen, Möbel, Jagdzimmer, Fuggerstube und -kammer
- Habsburgerstammbaum (148 gemalte Figuren)
- Königinzimmer mit Kassettendecke
- Rüstkammer mit alten Waffen
- Schlosskapelle
- Wallfahrtskloster St. Georgenberg in exponierter Lage
- Pietà in St. Georgenberg
- Stiftsanlage Fiecht
- barocke Fresken in der Stiftskirche Fiecht

Erzherzog Sigmund der Münzreiche als Teil des Habsburgerstammbaums im Habsburgersaal

61 Schloss Thurneck-Rotholz
Schule in barockem Ambiente

Schloss Thurneck (Rotholz)
Landwirtschaftliche Lehranstalt Rotholz
A-6200 Rotholz
Tel. +43 (0)5244 62161
www.rotholz.at

Ruine Rottenburg
Tourismusverband Silberregion Karwendel, Buch
St. Margarethen 107
A-6200 Buch bei Jenbach
Tel. +43 (0)5244 65894
www.tiscover.at/buch.jenbach

Lage (Schloss Thurneck)
Strass-Rotholz, entlang der Bundesstraße 171.
Lage (Ruine Rottenburg):
Südlich von Schloss Thurneck (Rotholz) auf einem Hügel.

Ruine Rottenburg
Ausgang vom Gasthof Esterhammer, zuerst Anstieg auf einer asphaltierten Straße, dann Übergang in eine Schotterstraße (Fahrverbot), von der Schotterstraße mehrere Abkürzungen zur Notburgakapelle bzw. Ruine, feste Schuhe notwendig. Frei zugänglich.

Öffnungszeiten
Schulbetrieb; Anlage während der Unterrichtszeiten offen; Besichtigung (Festsaal, ehem. Kapelle) auf Anfrage möglich, neue Kirche grundsätzlich tagsüber geöffnet.

Was uns erwartet
Direkt an der Bundesstraße liegt das Barockschloss Thurneck, auch Schloss Rotholz genannt. Die U-förmige Anlage umschließt einen großen Innenhof, der von einer Wiese bedeckt ist und von dem aus der zentrale Eingang mit Prunkportal in den Haupttrakt führt. Auffallend sind die beiden starken runden Ecktürme mit barocken Zwiebelhauben, wo Haupttrakt und Nebentrakte aufeinandertreffen. Als Sitz der Landwirtschaftlichen Lehranstalt Rotholz sind Büros, Werkstätten, Schulungsräume, die Küche etc. untergebracht, ergänzt durch zahlreiche andere Bauten auf dem Gelände. Von der einstigen Innenausstattung ist nur mehr sehr wenig erhalten, etwa einige Türeinfassungen aus rötlichem Kramsacher Marmor sowie Kamine aus weißem Marmor. Der große Festsaal wird heute noch für verschiedene Veranstaltungen verwendet. Von besonderem Interesse ist die bemalte Decke der früheren Kapelle, ein Werk des Tiroler Barockmalers Johann Josef Waldmann (1706), auf der neben verschiedenen Allegorien auch Engel dargestellt sind. Die heutige Kirche entstand um 1957.

Aus der Geschichte
Vermutlich befand sich an der Stelle des Schlosses ein Wehrturm, der zur nahen Rottenburg gehörte. 1567 ließ der Tiroler Landesfürst Erzherzog Ferdinand II. hier für sich und seine erste Gattin Philippine Welser von Hofbaumeister Alberto Lucchese ein Jagd- und Lustschloss errichten. Auf der nördlichen Talseite wurde ein von einer hohen Steinmauer umsäumter Wildtierpark mit Hirschen, Rehen und Fasanen angelegt. Reste dieser „Tiergartenmauer" sind noch erhalten. 1704–1706 erfolgte unter den Grafen Tannenberg der Umbau zum Barockschloss. Seit 1876 ist Thurneck im Besitz des Landes Tirol.

Erreichbarkeit
Schloss Thurneck liegt direkt an der Bundesstraße: Inntalautobahn A 12,

Nordtirol
Tiroler Unterland

Fresko in der ehemaligen Schlosskapelle (oben), Notburgakapelle in der Ruine Rottenburg (unten)

Was man sehen muss

- barocke Schlossanlage
- barockes Eingangsportal
- großer Festsaal
- Fresken von Johann Josef Waldmann in der einstigen Kapelle
- neue Kirche
- Ruine Rottenburg
- Bibelweg und Notburgafichte (höchste Fichte Tirols) entlang des Wegs zur Ruine Rottenburg
- Notburgakapelle auf der Rottenburg
- Versöhnungsstiege auf der Rottenburg

Ausfahrt Wiesing (von Osten kommend) bzw. Jenbach (von Westen kommend), dann weiter auf der Bundesstraße 171 nach Rotholz. Von der Bundesstraße ist das Schloss gut erkennbar, der Weg dorthin beschildert. Die Ruine Rottenburg liegt südlich von Rotholz auf einem Hügel und kann vom Schloss Thurneck zu Fuß in rund 40 Minuten erreicht werden (steiler Anstieg, feste Schuhe notwendig) – Fahrverbot.

Sehenswertes in der Umgebung

Nur wenige Gehminuten von Schloss Thurneck entfernt beginnt beim Gasthof Esterhammer der Anstieg zur Ruine Rottenburg. Die einst mächtige Anlage der Grafen von Rottenburg geht in ihren Ursprüngen auf das 12. Jahrhundert zurück. Im Zuge eines Aufstandes des Adels gegen den Tiroler Landesfürsten Herzog Friedrich IV. wurde sie zerstört. Den breiten Weg hinauf zur Ruine ziert ein moderner „Bibelweg" mit geschnitzten Skulpturen und Textstellen aus der Bibel. Ziel ist die 1957 aus Steinen der Burgruine errichtete Notburgakapelle. Oberhalb der Kapelle erhebt sich die „Versöhnungsstiege". Die Kapelle erinnert an die hl. Notburga, die einzige Tiroler Heilige. Sie wurde im 13. Jahrhundert in Rattenberg geboren, arbeitete auf der Rottenburg und ist in der Pfarrkirche Eben am Achensee beigesetzt.

62 Burg Matzen
Malerische Anlage in einem englischen Park

Burg Matzen und Schloss Lipperheide (Neumatzen)
Tourismusverein Reith im Alpbachtal
Dorf 41
A-6235 Reith im Alpbachtal
Tel. +43 (0)5337 62674
www.reith-alpbachtal.at

Lage
An der Bundesstraße 171 westlich von Brixlegg.

Öffnungszeiten
Burg Matzen und Schloss Lipperheide sind nicht zugänglich, der Park jedoch ganzjährig geöffnet.

Was uns erwartet
Am südlichen Rand des Inntals liegt auf einem schmalen, auf drei Seiten abfallenden Felsen Burg Matzen inmitten eines herrlichen englischen Landschaftsparks aus dem 19. Jahrhundert. Direkt an der Nordwestseite der Burg, wo heute die Bundesstraße verläuft, floss einst der Inn vorbei. Dadurch war eine Kontrolle von Straße und Innschifffahrt möglich. Von außen ist noch deutlich der wehrhafte mittelalterliche Charakter zu erkennen. Charakteristisch ist der sechsgeschossige Rundturm, der als „Butterfassturm" bezeichnet wird. Die Kragsteine am Turm weisen auf einen ehemaligen Wehrgang hin. Die Burganlage selbst ist schmal, lang gestreckt, besteht aus dem viereckigen Turm im Westen sowie dem Palas im Südwesten und gruppiert sich um drei auf verschiedenen Ebenen angelegte Innenhöfe. Der ursprüngliche Haupteingang lag einst an der Westseite, wurde im 19. Jahrhundert jedoch nach Osten verlegt. Innen gibt es eine Reihe von sehenswerten Räumen: modern ausgestattete Wohnräume, Kapelle, Arkadengänge mit Jagdtrophäen, Rundturm etc.

Aus der Geschichte
Wegen der nahen Römerstraße könnte sich hier ein römischer Wachturm befunden haben. Die Anfänge gehen in das 12. Jahrhundert zurück und sind mit den Herren von Freundsberg (Stammburg in Schwaz) verbunden. In den Streitigkeiten zwischen dem Tiroler Adel und Herzog Friedrich IV. mit der leeren Tasche wurde Matzen 1410 belagert. Weitere Besitzer

Nordtirol
Tiroler Unterland

waren Veitjakob Tänzl (siehe Schloss Tratzberg), die Fieger, Georg Ilsung und die Fugger. Im Zuge des „Boarischen Rummels" plünderten die Bayern 1703 die Burg. 1873 kaufte die Irin Fanny Read of Mount Heaton, verheiratete Grohmann, Matzen, ließ bedeutende Umbauarbeiten vornehmen und zahlreiche Räume neu einrichten. Heute ist die Burg in Privatbesitz.

Erreichbarkeit
Die Burg kann bequem von der Bundesstraße aus erreicht werden, Parkplätze sind beim Gut Matzen vorhanden.

Sehenswertes in der Umgebung
Einen Spaziergang wert ist auf jeden Fall der englische Park mit vier Teichen, mehr als 40 exotischen Baumarten, dem Nymphäum, einer Grotte, dem Rolandsbogen etc. Am westlichen Ende des Parks liegt Schloss Lipperheide oder Neumatzen. Aufgrund der gesundheitsfördernden Mineralquellen befand sich dort ein „Bauernbadl". 1883 ließ der Berliner Verleger und Kunstmäzen Franz Freiherr von Lipperheide anstelle des Bades vom Architekten Georg Ritter von Hauberisser, dem Erbauer des Münchner Rathauses, das jetzige Schlösschen im Stil des Historismus errichten. Auffallend sind der hohe Turm, mehrere Ecktürmchen sowie ein Treppengiebel und im Inneren die späthistoristische Ausstattung. Der Freiherr ließ auch den englischen Park anlegen. Im „Jägerhäusl" schrieb der Tondichter Hugo Wolf die Oper „Der Corregidor".

Was man sehen muss
– englischer Park zwischen Burg Matzen und Schloss Lipperheide
– Löwenteich mit Blick auf Matzen
– Nymphäum im englischen Park
– über 40 verschiedene Baumarten
– Burg Matzen als Gesamteindruck
– Schloss Lipperheide

Schloss Lipperheide

63 Burg Lichtwehr
Ehemalige Wasserburg mitten im Tal

Ruine Kropfsberg
Tourismusverein Reith im Alpbachtal
Dorf 41
A-6235 Reith im Alpbachtal
Tel. +43 (0)5337 62674
www.reith-alpbachtal.at

Lage
Lichtwehr neben der Bundesstraße 171 westlich von Brixlegg, Kropfsberg neben der Bundesstraße 171 bei St. Gertraudi (Gemeinde Reith im Alpbachtal).

Öffnungszeiten
Sowohl Lichtwehr als auch Kropfsberg sind in Privatbesitz und nicht zugänglich, Besichtigung ist nur von außen möglich.

Was uns erwartet
Zwischen der Mündung des Zillers in den Inn bei Strass im Zillertal und Brixlegg liegen die Ruine Kropfsberg, die Burg Lichtwehr, Schloss Lipperheide und Burg Matzen. Lichtwehr, auch Lichtenwerth und Lichtenwehr bezeichnet, zählt zu den besterhaltenen Burgen Tirols und ist die einzige Wasserburg (werth = Insel) des Landes. Einst umfloss hier ein Innarm die Anlage. Sie liegt mitten im Tal auf einem Felsen von sehr geringer Höhe. Vom Westen her gelangt man in eine rund 50 m lange Vorburg mit mehreren Wohn- und Wirtschaftsgebäuden. Östlich schließt die eigentliche Burg an, die sich um einen kleinen Innenhof gruppiert. Der romanische Baubestand hat sich sehr gut erhalten und ist an den zugemauerten Rundbogenfenstern außen zu erkennen. Ungewöhnlich ist, dass die Burg zwei Bergfriede besitzt, einen etwas höheren im Osten und einen niedrigeren im Westen. Der Palas beherbergt neben den Wohnräumen die spätromanische, in der Gotik umgebaute Kapelle. Noch vorhanden sind ein Theaterraum und die gewölbte Küche mit dem großen Rauchabzug.

Aus der Geschichte
Lichtwehr stammt aus der zweiten Hälfte des 12. Jahrhunderts und gehörte den Herren von Freundsberg (Stammburg in Schwaz). 1312 übernahm das Erzstift Salzburg die Burg als Lehen. Lichtwehr bildete mit dem Dorf Münster bis ins 19. Jahrhundert eine eigene

Nordtirol
Tiroler Unterland

Hofmark. Im Zuge der Kämpfe des Adels gegen den Landesfürsten Herzog Friedrich IV. hielten die Freundsberger zum Landesfürsten und mussten 1410 die Belagerung ihrer Burg hinnehmen. 1468 gelangte die Anlage durch Kauf an Matthias Türndl, den Kammermeister Erzherzog Sigmunds des Münzreichen. Es folgten mehrere Besitzer. Seit 1879 ist Lichtwehr im Besitz der Familie Inama-Sternegg.

Erreichbarkeit
Die Burg liegt nördlich direkt neben der Bundesstraße 171 und ist von dort aus zu Fuß zu erreichen.

Sehenswertes in der Umgebung
Etwas westlich von Lichtwehr erhebt sich auf einem rund 70 m hohen Felsen im Inntal die Ruine Kropfsberg im Ortsgebiet von St. Gertraudi, Gemeinde Reith im Alpbachtal. Von diesem strategisch wichtigen Punkt erfolgte die Kontrolle des Inns und der Straßen durch das Inntal und ins Zillertal. Die weitläufige Wehranlage weist drei hohe Türme auf, die von einer Mauer eingefasst sind. Noch erhalten sind die Reste einer Zisterne und der gotischen Burgkapelle. Kropfsberg war der Verwaltungssitz der salzburgischen Besitzungen im Zillertal.

Mit dem Bau der Anlage wurde im 12. Jahrhundert begonnen. Es gab nie eine Belagerung, doch mit der Verlegung des Gerichtssitzes nach Zell am Ziller im 16. Jahrhundert wurde Kropfsberg unbedeutend und der Verfall begann.

Was man sehen muss

- Gesamtanlage der einstigen Wasserburg
- Rundgang um die Burg
- landschaftliche Schönheit des Inntals
- Ruine Kropfsberg mit drei hohen Türmen
- Wander- und Radfahrweg entlang des Inns
- Burg Matzen und Schloss Lipperheide in der Nähe

Burgruine Kropfsberg

Ruine Festung Rattenberg
Prellbock zwischen Tirol und Bayern

Ruine Festung Rattenberg
Rattenberger Kultur- und Wirtschaftsförderungsverein
Klostergasse 94a
A-6240 Rattenberg
Tel. +43 (0)5337 63321
www.rattenberg.at

Lage
Ca. 45 km östlich von Innsbruck im Unterinntal.

Öffnungszeiten
Festung grundsätzlich tagsüber geöffnet.

Was uns erwartet
Eingeengt zwischen Inn und Burgfelsen entstand an einer strategisch günstigen Stelle die Stadt Rattenberg. 1504 kam die bayerische Grenzstadt zu Tirol. Im Süden der Stadt befinden sich auf einem steilen Felsabbruch eine untere und eine obere Festung. Von der unteren Festung sind noch der quadratische Bergfried, einige Grundmauern, die Reste zweier Rondelltürme, ehemalige Stallungen bzw. Lagerräume und die beiden Eingangstore im Westen und im Osten erhalten. Die beiden Rondelltürme dienen heute als Aussichtsplattformen. Besonders eindrucksvoll ist der direkte Blick auf die Stadt. Höher droben kann man die Reste der oberen Festung besichtigen, die aus einem mächtigen zentralen runden Hauptgeschützturm, mehreren kleineren runden Ecktürmen und verschiedenen Verbindungsmauern bestand. In der Senke zwischen beiden Festungsteilen, wo auch über Jahrhunderte die Straße durchführte, wird alljährlich im Sommer auf einer Freilichtbühne Theater gespielt.

Aus der Geschichte
Die 1254 erstmals genannte Burg dürfte schon im 11. Jahrhundert durch Rato aus der bayerischen Grafenfamilie der Rapotonen erbaut worden sein. Von Rato lässt sich auch der Name Rattenberg (Berg des Rato) ableiten. Am Fuße der Burg entstand eine Stadt, gefördert

Nordtirol
Tiroler Unterland

von den bayerischen Herzögen als Zollstätte und Gerichtssitz. Von hier aus war die Kontrolle über Straßen- und Schiffsverkehr möglich. Um 1300 erfolgte ein erster Ausbau der unteren Burg. Mit dem Erwerb des Gerichtsbezirkes Rattenberg durch Kaiser Maximilian I. für Tirol ließ dieser die untere Burg als moderne Festung ausbauen und die obere Festung errichten. 1651 wurde hier der Tiroler Kanzler Dr. Wilhelm Bienner enthauptet. Bis zur Auflassung als Festung im Jahre 1782 diente die Anlage auch als Gefängnis.

Erreichbarkeit

Die ehemalige untere Festung ist von den beiden großen Parkplätzen im Westen und Osten der Stadt in einem kurzen Anstieg erreichbar. Zur oberen Festung gelangt man entweder von der Senke der unteren Festung (Zuschauerraum für die Theaterspiele) über einen steilen Felsenweg oder über einen Serpentinenpfad beim östlichen Kundler Tor am Ende der Biennerstraße. Gutes Schuhwerk ist zu empfehlen.

Sehenswertes in der Umgebung

Die kleine Stadt Rattenberg zählt zu den am besten erhaltenen mittelalterlichen Städten Österreichs. Eine lange Hauptstraße, die sich gegen Osten zu einem Marktplatz erweitert, ist von den typischen Inn-Salzach-Häusern mit Erkern sowie Graben- und Muldendächern eingesäumt. Nur wenige Seitengassen zweigen ab. Auffallend sind mehrere große Gasthäuser und zahlreiche Glasgeschäfte. Glasveredelung hat hier eine alte Tradition. Im einstigen Augustinerkloster zeigt ein Museum kulturelle Objekte aus dem Tiroler Unterland. Die spätgotische Pfarrkirche erinnert an die Blütezeit der Stadt durch den Bergbau im 15./16. Jahrhundert. Das Innere ist im Stil des Barock umgestaltet worden. Rattenberg ist auch Geburtsort der hl. Notburga.

Was man sehen muss

– romanischer Bergfried
– Blick auf das mittelalterliche Rattenberg
– Kulissen der Schlossbergspiele im Sommer
– Geschütztürme der oberen Festung
– reizvolle kleine Stadt
– bunt bemalte Häuser des Inn-Salzach-Typus
– Glasveredelungsbetriebe

Hauptstraße von Rattenberg

65 Wallfahrtsburg Mariastein
Gnadenmadonna in luftiger Höhe

Wallfahrtsburg Mariastein
Wallfahrtspfarrer
Mag. Matthias Oberascher
Schlosshof 1
A-6324 Mariastein
Tel. und Fax +43 (0)5332 56474
www.mariastein.cc

Lage
Mittelgebirgsterrasse nördlich von Wörgl.

Öffnungszeiten
Ganzjährig täglich ab 7.30 Uhr, geschlossen im Winter bei Einbruch der Dunkelheit, im Sommer um 20 Uhr.
Kein Eintrittspreis, Spenden erbeten.
Für Führungen bitte Kontaktaufnahme.

Information zur Buchackeralm und zur Hundalm-Eishöhle:
www.hoehle-tirol.tsn.at

Nordtirol
Tiroler Unterland

Was uns erwartet
Die Burg Mariastein liegt in der gleichnamigen Gemeinde auf der rund 150 m über dem Unterinntal gelegenen Angerbergterrasse nördlich von Wörgl.
Schon von weitem fällt der gewaltige Felsbrocken mit der rund 42 m hohen Turmburg auf. Früher führte hier die Hauptstraße durch das Unterinntal vorbei, die Burg diente zu deren Kontrolle und Schutz. Pro Stockwerk gibt es nur wenige Räume, die über eine steile Treppe zu erreichen sind. Dazu gehören, von unten nach oben, die zwei ehemaligen Rüstkammern, die heute eine Felsenkapelle bilden, der einstige Rittersaal, eine winzige Küche und die Kreuzkapelle, vermutlich früher der Wohnraum der adeligen Burgherren. Im obersten Geschoss ist seit dem 15. Jahrhundert der Hauptraum untergebracht, die Gnadenkapelle mit einer Statue der Muttergottes mit Kind aus der Zeit um 1470. Hier entstand im Spätmittelalter ein Wallfahrtsort, als das Gnadenbild nach seiner Entfernung auf wundersame Weise mehrmals nach Mariastein zurückkehrte und sich wundertätige Krankenheilungen ereigneten.

Aus der Geschichte
1360 errichteten die Herren von Freundsberg, deren Stammburg sich in Schwaz befindet, einen Wohnturm zur Sicherung ihrer Besitzungen und der Straße. Nach der Verlegung der Hauptstraße in das Inntal verlor die Burg an Bedeutung. Es folgten mehrere Besitzer, bis sie an Karl Freiherr von Schurff, den Obersthofmeister Erzherzog Ferdinands II., gelangte. Dieser baute die Burg so aus, wie sie heute zu sehen ist. Seit 1834 ist Mariastein im Besitz des Erzbistums Salzburg. Bekannt ist die Burg auch deshalb, weil sich hier einer der drei in Österreich noch erhaltenen Erzherzogshüte befindet.
Als Erzherzöge und Erzherzoginnen wurden ab dem 15. Jahrhundert die Mitglieder der Familie Habsburg bezeichnet.

Erreichbarkeit
Auf der Inntalautobahn A 12 wählt man die Ausfahrt Kirchbichl und fährt weiter über Niederbreitenbach (gute Beschilderung) nach Mariastein. Vom Parkplatz unterhalb der Burg erreicht man nach einem kurzen Anstieg von ca. 3 Min. das Ziel.

Sehenswertes in der Umgebung
Die Angerbergterrasse ist ein Erholungsgebiet mit zahlreichen Wanderwegen und Langlaufloipen. Ein beliebtes Ausflugsziel ist die Buchackeralm, von der aus die Hundalm-Eishöhle, Tirols einzige Eishöhle, erreicht werden kann (Führungen möglich; warme Kleidung nötig). Der Weg zur Höhle steigt vom Parkplatz Embach etwas westlich von Mariastein in vielen Windungen zur Buchackeralm an und führt weiter über die Almweiden zur Hochfläche. Für die einfache Wanderung hin und retour werden rund 4 ½ Stunden benötigt.

Was man sehen muss
- steil aufragende Turmburg
- Felsenkapelle mit Pietà
- Heiliges Grab
- Wallfahrtskapelle
- Gnadenmadonna mit Kind
- Votivkerzen
- Deckenbilder
- österreichischer Erzherzogshut und Zepter
- wunderschöne Landschaft

Erzherzoghut

66 Schloss Itter
Pompöses Wohnschloss mit Weitblick

Schloss Itter
In Privatbesitz, keine Besichtigung möglich.

Ferienregion Hohe Salve
Infobüro Itter
Dorfplatz 1
A-6305 Itter
Tel. +43 (0)5335 2670
www.tiscover.at/itter

Lage
Ort Itter zwischen Wörgl und Hopfgarten, Abzweigung vor Hopfgarten (Bundesstraße 170, Brixentalstraße).

Was uns erwartet
Vom Felssporn am Eingang des Brixentales aus, auf dem sich Schloss Itter befindet, konnten die Straßen von Wörgl nach St. Johann und nach Kitzbühel kontrolliert werden. Von der eigentlichen Burg ist nur mehr wenig erhalten, das heute Sichtbare geht vor allem auf das 19. Jahrhundert zurück. Von Osten her gelangt man über eine Brücke zum Torbau, an dessen Stelle sich schon früher der Eingang befand. Die mächtige Unterkonstruktion der beiden Brücken weist auf die Wehrhaftigkeit der einstigen Burg hin. Der Hauptteil des Schlosses mit dem Bergfried im Westen und dem östlich anschließenden Palas ist mit Zinnen bekrönt. Die Zwingeranlagen gehen großteils auf das 19. und 20. Jahrhundert zurück. Da Schloss Itter im 20. Jahrhundert auch als Hotel Verwendung fand, wurden Aufzüge und Schwimmbäder installiert, doch von der Originaleinrichtung ist nichts mehr erhalten. Das Schloss ist in Privatbesitz, wird bewohnt und ist nicht zugänglich.

Aus der Geschichte
Die erstmals um 1240 genannte Burg befand sich im Besitz der Vögte der Bischöfe von Regensburg und diente als Grenzfestung gegen das Salzburger Erzbistum.

Nordtirol
Tiroler Unterland

Von 1380 bis 1803 war Itter im Besitz der Salzburger Erzbischöfe. Einige Jahre später gelangte die Burg an die Gemeinde Itter, diente zur Einquartierung mittelloser Gemeindemitglieder sowie von Bauarbeitern und verfiel langsam. 1877 ließ der Münchner Paul Spieß die Ruine im Stil des Historismus restaurieren und eine Fremdenpension einrichten. 1884 kaufte die Pianistin Sophie Menter das Schloss und machte es zu einem Treffpunkt berühmter Musiker und Komponisten. So weilten etwa Franz Liszt, Tschaikowski und Richard Wagner hier.
Ab 1902 war der Berliner Eugen Mayr Besitzer und ließ das Schloss in eine neugotische Burg umwandeln. Von 1943 bis 1945 diente Itter als Internierungslager für hochrangige feindliche Politiker und Offiziere. Nach dem Zweiten Weltkrieg entstand ein Luxushotel, bevor es 1980 an den Kufsteiner Rechtsanwalt Ernst Bosin verkauft wurde. Er lebt hier mit seiner Familie.

Erreichbarkeit
Von der Inntalautobahn (A 12) wird die Abfahrt Wörgl-Ost benützt, dann die Abzweigung ins Brixental. Kurz vor Hopfgarten führt die Straße nach Itter hinauf.

Sehenswertes in der Umgebung
Die Pfarrkirche Itter, ein Zentralbau, wurde in den Jahren 1762–1764 von Wolfgang Hagenauer und Andrä Huber erbaut. Im Hochaltarbild erscheint ein Engel dem schlafenden hl. Josef und fordert ihn zur Flucht nach Ägypten auf. Die beiden Statuen links und rechts zeigen die Salzburger Diözesanpatrone Rupert und Virgil. Auf dem linken Seitenaltar ist die Taufe Jesu dargestellt, auf dem rechten der Evangelist Johannes als Schreiber der Apokalypse auf der Insel Patmos, wie ihm die Gottesmutter erscheint. Im Hauptfresko von Johann Weiß findet die Vermählung des hl. Josef mit Maria statt. Das große Wappen weist auf Erzbischof Sigmund Graf von Schrattenbach, dem Initiator und Wohltäter dieser Kirche, hin.

Was man sehen muss
– Brücke mit Eingangstor zum Schloss
– Schloss von außen mit einstigem zinnenbewehrten Bergfried
– Pfarrkirche Itter als Zentralbau
– Hochaltar mit Traum des hl. Josef
– Fresko mit der Vermählung Josefs mit Maria

Pfarrkirche Itter

67 Festung Kufstein
Einzig erhaltene Grenzfestung Tirols

Festung und Festungsarena Kufstein
Oberer Stadtplatz 6
A-6330 Kufstein
Tel. +43 (0)5372 602-350
www.festung.kufstein.at

Heimatmuseum
Tel. +43 (0)664 3528551

Lage
Im Zentrum der Stadt Kufstein.

Öffnungszeiten
Ganzjährig täglich geöffnet (Heimatmuseum nur im Sommer).
Mitte März – 2. November
9–17 Uhr, im Winter verkürzte Öffnungszeiten.

Was uns erwartet
An einer engen Stelle des unteren Inntals ragt auf der rechten Innseite inmitten der Stadt Kufstein ein rund 400 m langer und 200 m breiter Felskopf empor, auf dem eine mächtige Festung thront. Auffallend sind die runden Türme, deren größter der Kaiserturm ist, die mächtigen Befestigungsmauern und Vorbauten sowie das Hochschloss. Ein Panoramaaufzug bringt den Besucher vom Festungsneuhof neben der Pfarrkirche zum Festungshof. Schon allein der Rundgang durch die Anlage stellt ein Erlebnis dar: Bürgerturm mit Kaiserjägermuseum (Erinnerungen an den Ersten Weltkrieg), die weltberühmte Heldenorgel, Felsengang, Tiefer Brunnen zur Wasserversorgung mit Tretrad, Kasematten auf der Josefsburg, Ausstellung verschiedener Kanonen auf der Elisabethbatterie, wechselnde Ausstellungen, ehemaliges Staatsgefängnis im Kaiserturm, Heimatmuseum im Hochschloss mit Querschnitt durch die Geschichte Kufsteins etc. Heute finden auf der gut erhaltenen Festung immer wieder kulturelle Veranstaltungen statt.

Aus der Geschichte
Aus strategischen Gründen entstand hier am Eingang vom Alpenvorland ins Inntal schon sehr früh eine Burg,

Nordtirol
Tiroler Unterland

deren erste Erwähnung 1205 mit den bayerischen Herzögen in Verbindung zu bringen ist. 1504 konnte Kaiser Maximilian I. im Zuge des bayerisch-pfälzischen Erbfolgekriegs die drei Gerichtsbezirke Kufstein, Kitzbühel und Rattenberg erobern und an Tirol angliedern. Er belagerte und zerstörte die Burg, ließ jedoch an ihrer Stelle eine moderne Festung errichten. Nach ihm benannt ist der große Kaiserturm. 1703 konnten die Bayern im Spanischen Erbfolgekrieg Kufstein für einige Zeit erobern. Im 19. Jahrhundert erlangte die Festung als Gefängnis für zahlreiche Freiheitskämpfer und politische Häftlinge Bedeutung. Seit 1924 ist sie im Besitz der Stadt Kufstein.

Erreichbarkeit
Von der Inntalautobahn (A 12) fährt man bei Kufstein-Nord oder Kufstein-Süd ab und sucht im oder nahe dem Stadtzentrum einen Parkplatz. Vom Unteren Stadtplatz sind es wenige Schritte zum Festungsneuhof neben der Pfarrkirche, von dort gelangt man zu Fuß oder mit der Panoramabahn auf die Festung.

Sehenswertes in der Umgebung
Kufstein selbst war bis 1504 bayerisch und ist seit damals Grenzstadt. Den historischen Kern bilden der von der Innbrücke ansteigende Untere Stadtplatz sowie der Obere Stadtplatz. Zu den Sehenswürdigkeiten zählen noch Reste der einstigen Stadtmauer, alte Häuser, die Stadtpfarrkirche, das einstige Augustinereremitenkloster neben der Stadtpfarrkirche, das Rathaus, verschiedene Denkmäler, einige Heimat- und Jugendstilbauten etc.
Nordwestlich der Stadt sind auf einer Anhöhe die Reste der Burg Thierberg zu sehen. Im 16. Jahrhundert entstand dort eine Wallfahrtskapelle mit einem Gnadenbild der Muttergottes.

Was man sehen muss
- einzige erhaltene Festung Tirols
- Heldenorgel (gegen Mittag und im Sommer auch am späten Nachmittag zu hören)
- runder Kaiserturm mit Zellen des einstigen Staatsgefängnisses
- Bürgerturm mit Kaiserjägermuseum und Erinnerungen an den Ersten Weltkrieg
- Felsengang
- tiefer Brunnen mit Tretrad zur Wasserversorgung
- Heimatmuseum zur Geschichte Kufsteins
- Kasematten auf der Josefsburg
- Überdachung auf der Josefsburg für verschiedene Veranstaltungen

Einstige Burg Thierberg mit Wallfahrtskapelle

Schloss Boymont, im Hintergrund Bozen

SÜDTIROL | VINSCHGAU

HOTEL GASTHOF ZUM GRÜNEN BAUM ★★★ – GLURNS

Die Kernsubstanz des Hauses stammt aus der Zeit um 1500, die Stube ist 300 Jahre alt, Kachelöfen und Boden sind aus dem späten 19. Jahrhundert. Jedes Zimmer ist anders eingerichtet und nach den Ahnen unserer Familie benannt. Modernes Design und Tradition haben wir in der Gestaltung der Zimmer verbunden: Wir bieten zehn individuell gestaltete Zimmer, bei denen die Auswahl schwerfällt.

Stadtplatz 7, I-39020 Glurns
Tel. +39 0473 831206, Fax +39 0473 835927
www.gasthofgruenerbaum.it
info@gasthofgruenerbaum.it
Öffnungszeiten: ganzjährig
Donnerstag Ruhetag

BILDHAUEREI UND STEINMETZMEISTERBETRIEB MAYR JOSEF & CO. KG – LAAS

Traditionsmanufaktur spezialisiert auf Bildhauerei. Wir fertigen Skulpturen, Brunnen, Wappen, Grabsteine und Geschenkartikel an. Unser Betrieb wird im Rahmen der „Marmorführung" besucht und steht Interessierten offen.

Vinschgauerstraße 89, I-39023 Laas
Tel. +39 0473 626541, Fax +39 0473 626750
www.mayr-josef.com, info@mayr-josef.com
Öffnungszeiten: Mo-Fr 8–12 Uhr und 13–17 Uhr
Samstag und Sonntag Ruhetag

SÜDTIROL | MERAN & UMGEBUNG

HOTEL RESTAURANT HANSWIRT ★ ★ ★ ★ ˢ – RABLAND

Für Gourmets ist Partschins-Rabland längst ein Ort, dessen Besuch sie bei einer Südtirolreise fest einplanen: Ihr Interesse dort gilt dem Hotel Hanswirt, dessen Restaurant allgemein als eines der besten im Land empfohlen wird und deshalb längst kein Insidertipp mehr ist.
Verantwortlich für den exzellenten Ruf der Küche ist Haubenkoch Matthias Laimer, der Juniorchef des Hauses. Eindrucksvoll interpretiert er die bodenständige regionale Küche, daneben lässt er sich von internationalen Trends inspirieren. – „Tradition trifft Modernes" lautet das Motto.
Beim Hanswirt gilt das jedoch nicht nur für die Küche, sondern auch das Haus selbst, ein historisches Baudenkmal, hat eine lange Tradition. Stilvoll speist man hier in einem nostalgischen Ambiente ehrwürdiger Stuben oder im Speisesaal unter einem Fresko aus dem 16. Jahrhundert. Das Haus zählt zu den ältesten Gebäuden des Vinschgaus, und die Spuren der Vergangenheit sind überall sichtbar.
Außergewöhnlich sind in diesem Hotel auch die herrlichen Zimmer und Suiten, deren alte Mauern mit zeitgemäßem Interieur ausgestattet sind. Und natürlich gibt es auch einen großzügigen Wellnessbereich für modernste Behandlungen für Körper und Seele.
Tage im Hanswirt sind also etwas Besonderes – in jeder Beziehung.

Neueröffnung im Sommer 2009.
Eisenbahnwelten: Museum für Modelleisenbahnen.

Gerold-Platz 3, I-39020 Rabland/Partschins
Tel. +39 0473 967148, Fax +39 0473 968103
www.hanswirt.it, info@hanswirt.com
Öffnungszeiten: März bis Dezember
Kein Ruhetag

SÜDTIROL | MERAN & UMGEBUNG

HOTEL RESTAURANT CAFÉ SCHLOSS THURNSTEIN – DORF TIROL

Thurnstein liegt in einmalig schöner Lage westlich vom Schloss Tirol über Meran (550 m), und auf einer Panorama-Promenade in wenigen Minuten zu erreichen.

In den Jahren nach dem Ersten Weltkrieg wurden einige Räume der Burg in einen Gastbetrieb umgewandelt und 1967 wurde der angrenzende Stadel (Wirtschaftsgebäude) zu einem kleinen romantischen Hotel ausgebaut. Hotel und Gaststätte erfreuen sich regen Zuspruchs, nicht zuletzt wegen der herrlichen, aussichtsreichen Lage, der gemütlichen Atmosphäre, der guten Bewirtung und des ausgezeichneten Weines (Napoleon-Wein).

Unseren Hotelgästen steht ein schönes Freibad in unmittelbarer Nähe zur Verfügung.

Ein kleiner Linienbus verkehrt stündlich zwischen Meran (Bahnhof) und Thurnstein. Anfahrt mit Privatauto über Meran-Gratsch, nicht über Dorf Tirol.

St. Peter 8, I-39019 Dorf Tirol
Tel. +39 0473 220255, Fax +39 0473 220558
www.thurnstein.it, thurnstein@dnet.it
Öffnungszeiten: Ostern bis Allerheiligen
Donnerstag Ruhetag

SCHLOSS CASTEL PIENZENAU – MERAN

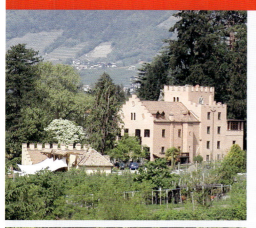

Schloss Pienzenau wird erstmals urkundlich im Jahre 1394 erwähnt. Von den Benediktinermönchen des bayrischen Klosters Ettal wurde das Anwesen bis ins 18. Jahrhundert als Ort der Besinnung und Erholung genutzt. Im Jahre 1969 erwarb die Familie Schölzhorn das Schloss und renovierte es von Grund auf, dabei wurde der historische Charakter des Anwesens erhalten und gelungen mit moderner Innenarchitektur kombiniert.

Der großzügige Landschaftspark rund um das Anwesen verzaubert immer wieder mit seiner prächtigen Farbenwelt und der umfassenden Sammlung seltener Gewächse und Pflanzen, und bietet eine einmalige Kulisse für vornehme Events, traumhafte Hochzeiten und private Feiern.

Das Raumangebot birgt ideale Voraussetzungen für Tagungen und Seminare.

Pienzenauweg 6, I-39012 Meran
Tel. +39 0473 236649, +39 0473 235979
Fax +39 0473 235283
Mobil +39 348 6041842
www.pienzenau.com, info@pienzenau.com
Öffnungszeiten: ganzjährig
Kein Ruhetag

SÜDTIROL | MERAN & UMGEBUNG

GASTHOF SANTER KLAUSE – MERAN

Die Santer Klause liegt am alten Osteingang der Altstadt Meran, im Steinachviertel.
Es bildet zusammen mit dem Passeirer-Tor und dem hohen Haus, den ältesten Kern der Stadt (13. Jahrhundert). Gotisch getäfelte Künstlerstube mit Kachelofen aus dem 15. Jahrhundert. Gartenlaube mit hundertjährigen Reben. Schmackhafte, nicht alltägliche Gerichte, erlesene einheimische Weine und hochwertige Grappas.
Erleben Sie den Reiz, den nur alte Gemäuer und gepflegte traditionelle Gastwirtschaft vermitteln können.

Passeirergasse 34, I-39012 Meran
Tel. +39 0473 234086
www.restaurantsanterklause.com
Öffnungszeiten: ganzjährig
Mittwoch abend und Donnerstag Ruhetag

SCHLOSS RUBEIN – MERAN

Das stattliche Schloss Rubein aus dem 12. Jahrhundert, der Bergfried und die Wohnungen gliedern sich um einen malerischen Innenhof.
Ende des 19. Jahrhunderts wurde das ganze Schloss innen neuzeitlich gestaltet und zählt zu den schönsten und wohnlichsten Schlössern Europas. Für Hochzeiten bietet die Schlosskapelle einen einzigartigen Rahmen.

Christomannostraße 38, I-39012 Meran
Tel. +39 0473 231894, Fax +39 0473 212450
www.rubein.com, schloss@rubein.com
Öffnungszeiten: April bis Dezember
Kein Ruhetag

HOTEL ANSITZ PLANTITSCHERHOF ★ ★ ★ SUPERIOR – MERAN

Hinter den historischen Mauern des ehemaligen Gutshofes aus dem 13. Jahrhundert verbirgt sich jene Behaglichkeit, die dem Gast das wohlige Gefühl gibt „Hier bin ich zuhause!".
Tritt man in das Hauptgebäude ein, fällt der Blick auf die meterdicke freigelegte Wand aus dem 13. Jahrhundert, auf das Fresko und die mächtigen historischen Holzbalken. Durch die moderne offene Bauweise entsteht ein Gefühl von Weite, und die geschmackvolle Einrichtung vermittelt einen Eindruck von unaufdringlicher Eleganz.

Gepflegte Tradition trifft auf zeitgemäßes Wohnen, ein Ambiente mit besonderer Aufmerksamkeit für Romantik, Körper und Geist. Entspannen Sie in einem der schönsten Hotels in Meran. Gönnen Sie sich eine kleine Auszeit ganz im Zeichen herrlicher Ruhe und feinem Luxus fern vom Alltagsstress. Das besondere Ambiente besticht durch die unverwechselbare Kombination von Romantik und Moderne, Wellness und Kulinarik. Einzigartig, persönlich und liebevoll abgerundet durch das gewisse Quäntchen Leidenschaft.

Um Ihren Aufenthalt interessanter zu gestalten, finden mehrere Kurse und Kunsterlebnisse statt: Kalligrafie, Malen, Kochen.

Sinnerlebnisse der besonderen Art:
Essen im Dunkeln und Weinverkostungen.

Dantestraße 56, I-39012 Meran
Tel. +39 0473 230577, Fax +39 0473 211922
www.plantitscherhof.com
info@plantitscherhof.com
Öffnungszeiten: ganzjährig
Kein Ruhetag

SÜDTIROL | MERAN & UMGEBUNG

LEBENSRAUM   HOME INTERIORS   EDITH K   –   LANA

Wohnen ist Ausdruck der Persönlichkeit.

Leidenschaft ist für mich der zentrale Begriff, um den sich im Bereich Interieur/Exterieur alles dreht. Für die Verschönerung, beziehungsweise Gestaltung von Räumen und Häusern bedarf es nicht nur eines Gefühls für Form, Material und Farbe, sondern auch einer großen Liebe zum Detail.

Exakt die Essenz dessen, was mir am Herzen liegt, ist die gelungene Synthese von Vergangenheit und Gegenwart, Alt und Neu in ein ausgewogenes Gleichgewicht zu setzen und dadurch eine neue Qualität, ja eine neue Lebensqualität zu erzeugen.

Details, wie Accessoires, Textilien, Blumenarrangements und -dekorationen, sowie Farbengestaltungen, bestimmen das Ambiente eines Wohnumfeldes in hohem Maß.

Ich denke, meine Stärke liegt darin, die verschiedenen Elemente zusammenfließen zu lassen und ihnen ein ganz eigenes Gesicht zu verleihen.

Edith K´apferer

LEBENSRAUM   HOME INTERIORS   EDITH K
Boznerstraße 78 im Lanacenter, I-39011 Lana (BZ)
Tel. +39 0473 550236, mobil +39 333 2066402
www.lebensraum-edith.it; info@lebensraum-edith.it
Öffnungszeiten:
Di–Fr 10–12.30 Uhr, 15.30–19 Uhr, Sa 10–13 Uhr
Montag Ruhetag

Neu ab April 2009:
Traumhafte Floristik und Wohnaccessoires präsentiert in außergewöhnlicher Atmosphäre.
LEBENSRAUM   HOME AND FLOWERS
Lauben 245 in der Putzgalerie, I-39012 Meran (BZ)
www.lebensraum-homeandflowers.it,
info@lebensraum-edith.it

SPEISEN, LOGIEREN & MEHR

SÜDTIROL | MERAN & UMGEBUNG

CASTEL KATZENZUNGEN – TISENS

Castel Katzenzungen – ein Ort zum Verweilen, mitten im Herzen Südtirols, auf einem wunderschönen Hügel gelegen, einen „Katzensprung" von der Kurstadt Meran und der Landeshauptstadt Bozen entfernt.
Das Schloss bietet, durch seinen großzügigen Platz und seine Vielseitigkeit, Raum für Veranstaltungen von 10 bis zu 450 Gästen.
Kongresse, Galadinners, Hochzeiten, historische Bankette, Gartenfeste, Ausstellungen, Modeschauen und noch viel mehr an einem zentralen Punkt Südtirols. Wir freuen uns auf Ihren Besuch.

Prissian 11, I-39010 Tisens
Tel. +39 0473 927018, Fax +39 0473 927277
www.castel.katzenzungen.com
info@castel.katzenzungen.com
Öffnungszeiten: Bürozeiten oder nach Absprache
Kein Ruhetag

ANSITZ GURTENHOF ✦✦✦✦ – TISENS

Der Ansitz Gurtenhof ist ein denkmalgeschützter, ehemaliger Bauernhof aus dem 14. Jahrhundert (Familienbesitz) mit besonderem Flair und Charakter. Seine Gewölbe und Holzdecken sowie die stilvoll neu restaurierten Ferienwohnungen bieten dem Feriengast ein intimes und gepflegtes Ambiente.
Eigener Reitplatz, hofeigene Produkte, Bio-Kräutersauna, geführte Wanderungen auf die eigene Alm.

Gurtenhof 83, I-39010 Tisens
Tel. +39 0473 921022, Fax +39 0473 927235
www.gurtenhof.com, info@gurtenhof.com
Öffnungszeiten: ganzjährig
Kein Ruhetag

SÜDTIROL | ÜBERETSCH & UNTERLAND

SCHLOSS HOTEL KORB ★ ★ ★ ★ – MISSIAN

Wo Märchen wahr werden ...
Mit der Sensibilität für das Besondere jeden Augenblicks!
Schloss Hotel Korb ist seit Generationen Stammsitz der Familie Dellago. Das romantische Haus, dessen lange Tradition bis heute seine Gäste in längst vergangene Zeiten zurückversetzt, stellt sich mit Leichtigkeit dem Strom des Alltäglichen entgegen.
Mit gastlichem Charme bieten die Zimmer in den starken Mauern viel Raum zum Wohlfühlen.
Aus heimischen Produkten zaubert die Schlossküche unbeschreiblich köstliche Gaumenfreuden.
Und die von Fritz Dellago gekelterten Weine genießen bei Weinliebhabern auf der ganzen Welt seit Jahrzehnten hohes Ansehen. Kein Wunder also, dass sein Weißburgunder jüngst von Gambero Rosso mit „tre bicchieri" ausgezeichnet wurde, und der Gewürztraminer als offizieller Wein zur Olympiade 2008 Einzug hielt.

Lassen Sie sich verführen von einem Hauch von Luxus, dem gewissen Extra, dem Sinn fürs Besondere. Und Sie werden märchenhafte Entdeckungen machen ...

Hocheppanerweg 5, I-39050 Missian/Eppan
Tel. +39 0471 636000, Fax +39 0471 636033
www.schloss-hotel-korb.com
info@schloss-hotel-korb.com
Öffnungszeiten: Anfang April bis Anfang Januar
Kein Ruhetag

SÜDTIROL | ÜBERETSCH & UNTERLAND

WIRTSHAUS BATZENHÄUSL – BOZEN

Ursprünglich Schenke des Deutschordens ist das Batzenhäusl heute zu einem beliebten Treffpunkt für all jene geworden, die gerne in historischen Gemäuern und Stuben einen gemütlichen Abend verbringen möchten. Wir bieten unseren Gästen herzhafte Tiroler Gerichte, dazu hausgebrautes Bier und erlesene Weine. Die 600-jährige Geschichte des Hauses kann man besonders in der famosen Künstlerstube erahnen, welche bestens für Familien- oder Firmenfeiern geeignet ist. Großer Beliebtheit erfreuen sich auch unsere kulturellen Veranstaltungen im Biergarten.

Andreas-Hofer-Straße 30, I-39100 Bozen
Tel. +39 0471 050950, Fax +39 0471 050951
www.batzen.it, info@batzen.it
Öffnungszeiten: ganzjährig
von 11–1 Uhr durchgehend warme Küche
Kein Ruhetag

HOTEL GARNI SCHLOSS ENGLAR ★★★ – ST. MICHAEL

Ein unvergesslicher Urlaub in den stilvollen und großzügigen Räumlichkeiten des gotischen Schlosses Englar. Die Räumlichkeiten wurden im Jahre 1985 behutsam und unter Wahrung der alten Bausubstanz renoviert, daraus entstand ein Haus für 25 Gäste in 11 individuell gestalteten Zimmern (von Barock über Biedermeier bis zum Laura-Ashley-Stil), alle versehen mit heutigem Komfort. Der große Park, das Schwimmbad und die romantische Umgebung laden zu einem Urlaub in engem Kontakt mit Natur ein.

Piganó 42, I-39057 St. Michael/Eppan
Tel. +39 0471 662628, Fax +39 0471 660404
www.schloss-englar.it, info@schloss-englar.it
Öffnungszeiten: Ostern bis Allerheiligen
Kein Ruhetag

SÜDTIROL | ÜBERETSCH & UNTERLAND

ANSITZ TSCHINDLHOF – ST. MICHAEL

Inmitten idyllischer Obst- und Weinberge gelegen, hat sich der Ansitz Tschindlhof sein ganz besonderes Flair bewahrt. Die unterschiedlichen Zimmer, der weitläufige Garten mit großem Freischwimmbad und nicht zuletzt die hervorragende Küche laden zum Entspannen und Genießen ein.

Bergstraße 36, I-39057 St. Michael/Eppan
Tel. +39 0471 662225, Fax +39 0471 663649
www.tschindlhof.com, info@tschindlhof.com
Öffnungszeiten: Ostern bis nach Allerheiligen
Kein Ruhetag

CASTEL SALLEGG WEINGUT – KALTERN

Das Bewusstsein für Geschichte, Tradition und Verantwortung ist in der Familie der Grafen von Kuenburg tief verankert. Ihre Besitzungen zeugen von einer bewegten und weit zurückreichenden Vergangenheit. Die antiken bis zu drei Stockwerke unter die Erde reichenden Kellergewölbe des Schlosses bieten bei konstanten Temperaturen ideale Bedingungen, um die feinen Weine heranreifen zu lassen. Ein ausgewogenes Gleichgewicht zwischen Tradition und Innovation sorgt für die Entstehung von Top-Qualitäten. Besichtigung des Weinkellers und Verkostung auf Anfrage möglich.

Unterwinkel 15, I-39052 Kaltern
Tel. +39 0471 963132
www.castelsallegg.it, info@castelsallegg.it
Öffnungszeiten: Mo–Do 8–12 Uhr
und 13.30–17.30 Uhr; Fr 8–12 Uhr und 13.30–16 Uhr
Samstag und Sonntag Ruhetag

RESTAURANT CASTEL RINGBERG – KALTERN

Liebe Gourmetfreunde, wir laden Sie ein zu einer lustvollen Reise. Lustvoll in vielerlei Hinsicht.
Castel Ringberg, erbaut im Jahr 1652 im Herzen Südtirols, war im Laufe seiner Geschichte Ziel vieler illustrer Gesellschaften, die zerstreuende Ablenkung und sinnliches Vergnügen suchten. Die zahlreichen Erkertürmchen in den vornehmen Sälen und die harmonischen Gewölbe der alten Gemäuer im klassischen Renaissanceansitz verlocken zum Lustwandeln und eröffnen die unterschiedlichsten Ein- und Ausblicke. Diese Sinnlichkeit schwebt bis heute noch über dem historischen Ansitz inmitten von sonnendurchfluteten Weinbergen am Kalterer See. Wohlig wärmende Sonnenstrahlen und strahlend blauer Himmel lassen auf der Terrasse des Restaurants innehalten, sehnsüchtige Blicke können endlos über die farbenprächtigen Weinreben bis zum romantischen See schweifen. Dieses fürstliche Ambiente ist die ideale Spielwiese für Stefan Unterkirchers leidenschaftliche Kochkünste. Kreative Küche, die traditionelle und innovative Elemente raffiniert kombiniert, lässt Feinschmeckerherzen um einige Takte höher schlagen.

Preisgekrönte Weine aus dem umliegenden Weingut „Elena Walch" verstärken die unterschiedlichen Geschmacksnuancen der vielfältigen Gerichte. Für Naschnasen, die offen für zarte Verführungen sind, zaubert Claudia Pitscheider köstliche Süßigkeiten.
Guten Appetit!

St. Josef am See 1, I-39052 Kaltern
Tel. +39 0471 960010, Fax +39 0471 960803
www.castel-ringberg.com, info@castel-ringberg.com
Öffnungszeiten: 12–14.30 Uhr und 19–21.30 Uhr
Dienstag Ruhetag

SÜDTIROL | ÜBERETSCH & UNTERLAND

ANSITZ RESTAURANT WINDEGG – KALTERN

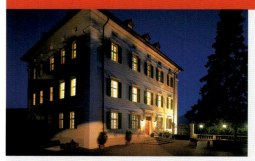

Dieses einmalige Empire-Haus, zu altösterreichischen Zeiten auch „Schloss" Windegg genannt, befindet sich im Ortskern von Kaltern und bietet Atmosphäre pur: Alte Mauern, edler zeitloser Baustil, kunstvolle Architektur, der Blick auf den Kalterer See.
So einfach sind manchmal die schönen Dinge im Leben. Essen ist ein Stück Lebensfreude! Das ist die Devise im Ansitz Windegg. Keine ellenlange Speisekarte, die jahraus jahrein unverändert daherkommt. Sondern Tag für Tag sorgfältig ausgewählte Besonderheiten. Auf Ihren Besuch freut sich Fam. Höller.

Windegg 3, I-39052 Kaltern
Tel. +39 0471 965113, Fax +39 0471 965948
www.windegg.it, info@windegg.it
Öffnungszeiten: März bis Dezember
Kein Ruhetag

HOTEL MÜHLE MAYER ★ ★ ★ ★ – TRAMIN

Eine alte Mühle inmitten von Wäldern und Weinbergen: das ist das Hotel Mühle Mayer, eine wahre Oase der Ruhe in unmittelbarer Nähe der Ortschaft. Dieses zauberhafte Haus, das in der Vergangenheit den Namen „Die Mühle oben am Bach" trug, ist heute ein exklusives Hotel, das seine Gäste in einer gastfreundlichen und familiären Atmosphäre empfängt.

Mühlgasse 66, I-39040 Tramin
Tel. +39 0471 860219, Fax +39 0471 860946
www.muehle-mayer.it, info@muehle-mayer.it
Öffnungszeiten: Ostern bis Mitte November
Kein Ruhetag

HOTEL RESTAURANT HEUBAD – VÖLS AM SCHLERN

Unser in der fünften Generation geführtes Hotel Heubad umfasst alle Annehmlichkeiten, die es für einen erholsamen und genussreichen Urlaub braucht: Freibad, Sonnenterrassen, Hallenschwimmbad, Saunalandschaft mit Bio-Heu-Sauna, Finnische-Sauna und Dampfbäder. In der Beauty&Spa-Abteilung bieten wir verschiedene Massagen von der klassischen Ganzkörpermassage bis Ayurveda, sowie Kosmetikbehandlungen an. Nicht wegzudenken sind natürlich die Heubäder, die seit 1903 in unserem Haus gemacht werden.

Schlernstraße 13, I-39050 Völs am Schlern
Tel. +39 0471 725020, Fax +39 0471 725425
www.heubad.info, info@hotelheubad.com
Öffnungszeiten: ganzjährig
Mittwoch Ruhetag

STEINMETZMEISTER GASSER DAVID – VILLANDERS

Die Restaurierung und Erhaltung von Denkmälern und Objekten aus Stein, an denen der Zahn der Zeit nagt, ist eine ehrenvolle Aufgabe. Mit Respekt vor den Meistern aus vergangenen Tagen ist es unsere Aufgabe, ihre Werke für nachfolgende Generationen zu erhalten.

Mit Liebe zum Detail fertigen wir auch Wappen, Einrichtungsobjekte aus Naturstein, Skulpturen und Grabmale mit ausgeprägtem Charakter und zeitloser Eleganz.

Kalchgrube 21, I-39040 Villanders
Tel. +39 335 7048625
www.steinbildhauer.it, david@steinbildhauer.it

SÜDTIROL | EISACKTAL & WIPPTAL

HOTEL GOLDENER ADLER * * * * – BRIXEN

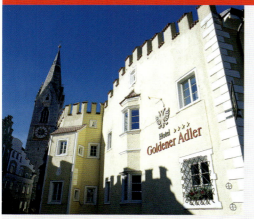

Mit der gelebten Gastfreundschaft des Restaurants Künstlerstübele Finsterwirt harmoniert auch das familieneigene Hotel Goldener Adler an der Eisack-Promenade in der Altstadt. Der Zauber der einmaligen Atmosphäre mit persönlichem und individuellem Service setzt sich im Hause fort und lässt Momente der Ruhe in urgemütlichen historischen Gemäuern erfahren. Ob im Restaurant Künstlerstübele Finsterwirt oder im Hotel Goldener Adler – eine gelungene Mischung aus Wohlfühlen und Genuss, gegenwärtigem Komfort und gelebter Tradition.

Der Chef persönlich, Hermann Mayr, zählt nun schon seit mehr als zwei Jahrzehnten mit seinem Team zu den hervorragenden Köchen Südtirols und verwöhnt die vielen Stammgäste mit der jungen Südtiroler Küche – eine Symbiose aus alpin und mediterran. Jedes Gericht hat seinen eigenständigen Geschmack und bringt auch immer neue Überraschungen. Bekannt ist das Restaurant in vielen Gastronomieführern ob seinem herzlichen Service und den über 150 anspruchsvollen regionalen und nationalen Weinen, welche die kulinarischen Kreationen gekonnt abrunden. Im Gästebuch finden sich namhafte Persönlichkeiten aus der Habsburgerzeit aber auch aus der Neuzeit wie zum Beispiel der frühere Staatspräsident Scalfaro, der Dalai Lama und Reinhold Messner. Auch Joseph Ratzinger war als Kardinal noch häufig zu Gast.

Wer einen kleinen Imbiss, ein gepflegtes Glas Wein oder auch nur einen schnellen Espresso mit Kuchen aus der Hauskonditorei „Finsterwirt" vorzieht, wird sich in der Bar Lounge AdlerCafé (direkt neben dem Hotel Goldener Adler) wohlfühlen.

Adlerbrückengasse 9, I-39042 Brixen
Tel. +39 0472 200621, Fax +39 0472 208973
www.goldener-adler.com, info@goldener-adler.com
Öffnungszeiten: ganzjährig
Kein Ruhetag

SÜDTIROL | PUSTERTAL & SEITENTÄLER

HOTEL SCHLOSS SONNENBURG ★ ★ ★ ★ – ST. LORENZEN

Es ist nicht allein das unverwechselbare Ambiente, es ist das „Sonnenburger Gefühl", das den Alltag einfach verblassen lässt, sobald man den Fuß in den Burghof setzt.
Ungezwungene Herzlichkeit empfängt den Gast und jeder findet „seine" Sonnenburg. Egal, ob er den historischen Ort, das Refugium, den heiteren Platz für geselliges Leben oder einfach mal wieder das eigene „Ich" sucht.
Jedes der 43 Zimmer erzählt eine andere Geschichte, bietet einen anderen Blick auf Schloss und Umgebung: Das Fürstenzimmer mit seinem Deckengemälde von 1778, das Hochzeitszimmer mit edlen Möbeln und Baldachinbett, die hellen und freundlichen Klassikzimmer sowie die Zimmer in der ehemaligen Klosterbibliothek mit ihren meterdicken Mauern.

Wellness in der Sonnenburg: In Gewölben aus dem 13. Jahrhundert finden unsere Gäste Erholung im Felsenbad, Sauna, Dampfbad und Panorama-Ruheraum. So können Sie Ihren Wander- oder Skiausflug am nahen Kronplatz oder in den Dolomiten aufs Angenehmste ausklingen lassen.

In den historischen Hof- und Residenzstuben werden Sie allabendlich mit feinster Südtiroler und italienischer Küche verwöhnt.

Sonnenburg 38, I-39030 St. Lorenzen
Tel. +39 0474 479999, Fax +39 0474 474049
www.sonnenburg.com, info@sonnenburg.com
Öffnungszeiten: ganzjährig
Kein Ruhetag

SÜDTIROL | PUSTERTAL & SEITENTÄLER

DAS KLEINE HOTEL SAALERWIRT ★ ★ ★ ˢ – ST. LORENZEN

Eine bezaubernde Gebirgswelt und ein wunderschönes Tal. An den Hängen dieser Landschaft, inmitten von Wiesen und Tannenwäldern, ein kleiner Tempel der Gastfreundschaft ... der Saalerwirt.
Sonnenterrasse – Wellness und Massagen am Naturbadeteich – speisen in den denkmalgeschützten Zirmstuben aus dem Jahr 1730.
Hier treffen sich Vergangenheit und Gegenwart und bilden eine einmalige Verbindung.

Saalen 4, I-39030 St. Lorenzen
Tel. +39 0474 403147, Fax +39 0474 403021
www.saalerwirt.com, info@saalerwirt.com
Öffnungszeiten: Weihnachten bis Allerheiligen
Dienstag Ruhetag

HOTEL & BAR GRAUER BÄR ★ ★ ★ ★ – INNICHEN

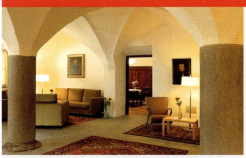

Innichens ältester Gasthof hat seinen Ursprung in der Zeit um 1300. Seit über 250 Jahren ist das Hotel Restaurant Grauer Bär im Besitz unserer Familie. Das Haus verbindet historischen Flair mit moderner Eleganz und bietet viele behagliche Ecken, mit Ausblick auf die barocke Kirche, dem romanischen Dom und das Geschehen in der verkehrsfreien Ortsmitte.

Rainer Straße 2, I-39038 Innichen
Tel. +39 0474 913115, Fax +30 0474 914182
www.orsohotel.it, info@orsohotel.it
Öffnungszeiten: Winter: Anfang Dezember bis Ostern
Sommer: Mitte Juni bis Ende September
Kein Ruhetag

SPEISEN, LOGIEREN & MEHR

SÜDTIROL | PUSTERTAL & SEITENTÄLER

SEXTNER HOF & S'HÖFL ★ ★ ★ – SEXTEN

Bereits das Bild macht ersichtlich, was Sie im Sextner Hof erwartet.
Das Kruzifix steht für Verbundenheit zur Heimat und Gläubigkeit, der Kachelofen strahlt wohlige Wärme aus und versinnbildlicht das angenehme Klima, welches in diesem Haus herrscht.
Auf jeden Fall möchten wir jeden, der hier ein und ausgeht, auf's Beste bewirten und verwöhnen.
Dies ist der Sextner Hof im Herzen von Sexten, der seit vielen Jahren von der Familie Klammer und den langjährigen Mitarbeitern geführt wird.

Dolomitenstraße 13, I-39030 Sexten
Tel. +39 0474 710314, Fax +39 0474 710161
www.sextnerhof.com, info@sextnerhof.com
Öffnungszeiten: Winter: 1. Dezember bis 30. April
Sommer: 1. Juni bis 1. November
Kein Ruhetag

NORDTIROL | TIROLER OBERLAND

SCHLOSSHOTEL BERGSCHLÖSSL – ST. ANTON AM ARLBERG

Das Bergschlössl ist ein echtes Stück Altösterreich. 1905 von der Kaiserlichen Bahn als Zollstation erbaut, gilt es heute als exquisite Adresse am Arlberg. Zehn Zimmer und Suiten mit unverwechselbarem Charakter, etwa mit Küchennische, Kamin oder Kachelofen, laden zum Verweilen ein.

*Kandaharweg 13, A-6580 St. Anton am Arlberg
Tel. +43 (0)5446 2220
www.bergschloessl.at
www.schlosshotels.co.at
www.HistoricHotelsofEurope.com
info@bergschloessl.at*

HOTEL GASTHOF TRAUBE – PFUNDS

*Unser Gasthof verbindet Tradition mit modernem Komfort. In historischen Mauern finden Sie heute gemütliche Lokale, in denen Sie mit einer ausgezeichneten Küche verwöhnt werden.
Sauna, Dampfbad, Solarium und Fitnessraum garantieren einen erholsamen Urlaub.*

*Stubenerstraße 10, A-6542 Pfunds
Tel. +43 (0)5474 5210
www.traube-pfunds.at
info@traube-pfunds.at*

ZISTERZIENSERSTIFT STAMS

Das Kloster wurde 1273 von Graf Meinhard II. gegründet. Hier befindet sich die Grablege der Tiroler Landesfürsten (Fürstengruft) ebenso wie der prächtige Bernardisaal und der Hochaltar, die im Rahmen einer Führung zu sehen sind. Beliebt ist der Klosterladen, in dem unter anderem hauseigene Produkte wie Schnaps, Marmeladen, Brot u. v. m. angeboten werden.

Stiftshof 3, A-6422 Stams
Tel. + 43 (0)5263 6242 512
www.stiftstams.at
verwaltung@stiftstams.at

GUTSHOF ZUM SCHLUXEN – REUTTE

Im Gutshof zum Schluxen kehrte einst schon König Ludwig II. von Bayern ein. Von seinen Märchenschlössern Neuschwanstein und Hohenschwangau braucht man zu Fuß gerade einmal 40 Minuten bis zum Schluxen. Im großen Gastgarten unter uralten Kastanienbäumen und in der hellen Gaststube werden einheimische Gerichte serviert: Wildbret und Fisch, aber auch vegetarische Schmankerln.

Unterpinswang 24, A-6600 Reutte
Tel. +43 (0)5677 8903-0
Fax +43 (0)5677 8903-23
www.schluxen.at
info@schluxen.at

NORDTIROL | INNSBRUCK & UMGEBUNG

WIRTSHAUS MELLAUNER HOF – PETTNAU

Dieses stolze Anwesen in Pettnau, einst Ritteransitz, späterhin auch bedeutende Poststelle mit großen Pferdestallungen, wurde urkundlich erstmals im Jahre 1291 erwähnt.
Nach einer behutsamen Renovierung – in Partnerschaft mit der Münchner Messerschmitt-Stiftung – bieten die behaglichen alten Stuben, der gemütliche Weinkeller, ein festlicher Rittersaal, das Untere und das Obere Gewölbe und auch ein herrlicher Gastgarten im Innenhof nun wieder einen einladenden und beeindruckenden Rahmen zu einer feinen Tiroler Wirtshauskultur.

Tiroler Straße 31, A-6408 Ober-Pettnau
Tel. +43 (0)5238 86 248
www.mellaunerhof.at
ganzjährig geöffnet 9–24 Uhr
kein Ruhetag

NORDTIROL | INNSBRUCK & UMGEBUNG

ROMANTIKHOTEL SCHWARZER ADLER **** SUPERIOR – INNSBRUCK

Das im 16. Jahrhundert erbaute Patrizierhaus war Zeitzeuge vieler historischer Ereignisse. 1719 wurden sogar die irischen Kronjuwelen im Haus vergessen! Heute verbindet das renovierte Romantikhotel hervorragende neuzeitliche Tiroler Küche mit Romantik, Tradition und Moderne.

Kaiserjägerstraße 2, A-6020 Innsbruck
Tel. +43 (0)512 587109
www.derAdler.com
info@deradler.com

GASTHAUS „ZUR UHR" – MATREI AM BRENNER

Seit 1471 dient der Gasthof zur Uhr in Matrei am Brenner den Fuhr- und Kaufleuten als Raststation und „Ballhaus". In der urigen Gaststube für 45 Personen servieren die Wirtsleute bodenständige Kost, auch Zimmer stehen zur Verfügung.

Familie Weiss
Brennerstraße 60, A-6143 Matrei am Brenner
Tel. +43 (0)5273 6373
Ganzjährig geöffnet
Dienstag Ruhetag

NORDTIROL | INNSBRUCK & UMGEBUNG | TIROLER UNTERLAND

RITTERKUCHL – HALL IN TIROL

In den Gewölbestuben der Ritterkuchl inmitten des mittelalterlichen Städtchens Hall in Tirol werden täglich die Tafeln in Manier des 14. Jahrhunderts wie für Ritter und Edelleute gedeckt. Die kulinarische Reise beginnt mit einem Becher süßen Mets.

Martin Klausner
Salvatorgasse 6, A-6060 Hall in Tirol
Tel. +43(0)5223 53120
www.ritterkuchl.at
info@ritterkuchl.at
täglich geöffnet von 19.30–24 Uhr
auf Reservierung
Sonntag Ruhetag

SCHLOSSWIRT TRATZBERG – JENBACH

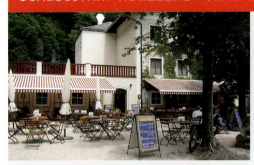

Im gemütlichen Jagdhausambiente zu Füßen von Schloss Tratzberg wird täglich gutbürgerliche Küche geboten. Jeden Freitag Ritterabend mit 4-gängigem Menü und Rahmenprogramm (für Gruppen ist bei Reservierung auch eine abendliche Schlossführung möglich).
Feiern Sie Ihre Feste im Schlosswirt Tratzberg!

Martin Klausner
Tratzberg 5, A-6200 Jenbach
Tel. +43(0)5242 67389
www.schlosswirt-tratzberg.at
info@schlosswirt-tratzberg.at
ganzjährig geöffnet 9–24 Uhr
kein Ruhetag

NORDTIROL | TIROLER UNTERLAND

ANSITZ ACHENFELD – KUNDL

Der Ansitz Achenfeld wurde im Stil der Renaissance Ende des 19. Jahrhunderts erbaut. Er beeindruckt durch seine romantischen Höfe und durch die Fresken im geschichtsträchtigen großen Treppenaufgang, welche die Regenten des Landes Tirol zeigen.

Familie Walter Margreiter
Kummersbruckerweg 33, A-6250 Kundl
Zur Zeit nicht zu besichtigen.

Die schönsten Tiroler Burgen & Schlösser

Aborterker (Abtritt): vorkragender Erker an der Außenseite von Wehrmauern mit einem Sitz aus Stein oder Holz, in dessen Mitte sich ein rundes Loch befindet.

Ansitz: geschlossener Wohnbau ab der Spätgotik, meist für Hofbeamte.

Apsis: halbrunde, rechteckige oder vieleckige Altarnische einer Kirche.

Arkaden: Bogengänge auf Pfeilern oder Säulen.

Barbakane: Vorwerk einer Burg, zur selbständigen Verteidigung eingerichtet, meist eine halbrunde oder mehreckige Befestigungsanlage vor dem Eingangstor in der Art eines Zwingers.

Basilika: 1. Kirchenarchitektur, in der ein erhöhtes Mittelschiff von zwei (oder vier) niedrigeren Seitenschiffen begleitet wird. 2. Ehrentitel für besonders bedeutende Kirchen.

Bastei (Bastion): vorspringendes Verteidigungswerk in runder Form oder in Form einer Pfeilspitze mit mehreren Ecken zur Aufstellung von Geschützen.

Batterie: Fläche oder Bauwerk zum Abfeuern von Kanonen bzw. Geschützen.

Bergfried: Hauptturm einer Burg mit dickem Mauerwerk und mehreren Geschossen, diente als Aussichtsturm zur Beobachtung, zur Verteidigung und als letzte Zufluchtsstätte der Burgbewohner.

Bering (Ringmauer): stark befestigte Mauer um die gesamte Burganlage mit Wehrgang, Zinnen und Schießscharten.

Burg: im Mittelalter befestigter Einzelwohnsitz eines Territorialherrn. Grundsätzlich wird zwischen Höhenburgen (auf Felsvorsprüngen oder Hügeln) und Wasserburgen (umgeben von Wasser) unterschieden.

Burgfrieden: Rechtsbereich einer Burg, eines Marktes oder eine Stadt, in dem der Grundherr für Ordnung und Sicherheit zu sorgen hatte.

Butterfassturm: runder Bergfried, der sich nach oben verjüngt.

Edelsitz: siehe Ansitz

Fachwerk: Art des Bauens; die tragenden Teile der Wände bestehen aus Holzbalken, die Flächen dazwischen sind mit Lehm oder Ziegelsteinen ausgefüllt.

Fallgitter: unten spitziges Eisen- oder Holzgitter zum Verschließen des Burgtores.

Feste (Veste): andere Bezeichnung für Burg oder Festung.

Festung: meist niedrige, breit angelegte Wehranlage zum Zwecke der Verteidigung an strategisch günstigen Stellen, ab dem 15. Jahrhundert entstanden.

Fort: kleine, selbständige Festungsanlage, meist einer großen Festung oder einer Stadtbefestigung vorgelagert.

Fresko: Malerei auf nassem Putz, wobei beim Trocknen des Putzes die Farbpigmente gebunden werden.

Fron(dienst): Arbeitsleistung, die der Unfreie für seinen Herrn bzw. für die Grundherrschaft zu leisten hatte (Bau- und Transporttätigkeit, Einholen der Ernte etc.).

Gerichtsbarkeit: Burgherren besaßen im Mittelalter häufig richterliche Autorität in ihrem Territorium, hohe Gerichtsbarkeit mit Ausspruch der Todesstrafe, niedere Gerichtsbarkeit ohne Ausspruch der Todesstrafe.

Gusserker: geschlossener Ausbau mit einer Öffnung unten, die zum Ausgießen von heißem Wasser oder Öl zur Verteidigung dient.

Halsgraben: künstlich angelegter Graben, der eine Burganlage von dem sie umgebenden Gelände abschneidet.

Historismus: Kunstrichtung im 19. Jahrhundert, bei der schon vergangene Stile aufgegriffen und neu interpretiert werden (Neugotik, Neurenaissance, Neubarock etc.). Als Beispiel sei die Wiener Ringstraße angeführt.

Hochstift: reichsunmittelbares, geistliches Fürstentum eins Bischofs, das sich nicht unbedingt mit der Diözese deckte. Ein Hochstift war nur dem Kaiser gegenüber verpflichtet, nicht aber dem Landesherrn.

Hofmark: abgegrenztes Gebiet einer Grundherrschaft mit bestimmten Rechten.

Glossar

Höhlenburg: eine in natürliche Felshöhlen eingearbeitete Flucht- oder Wohnburg.

Hospiz: Herberge an Wegkreuzungen oder Gebirgspässen als Unterkunft für Pilger und andere Reisende, auch für die Versorgung von Kranken und Verletzten.

Kasematten: bei Festungen Gewölbe, die vor Beschuss gesichert waren und als Mannschaftsunterkünfte oder Lagerräume dienten.

Kassettendecke: Decke mit kastenförmig vertieften, meist verzierten Feldern, besonders in der Renaissance und im Barock.

Kemenate: Wohn- und Schlafräume einer mittelalterlichen Burg für den Burgherrn, seine Familie und seine Gäste (mittellat. caminata = heizbarer Raum).

Klause: die von einer Burg oder Wehrmauer gesicherte Engstelle in Gebirgstälern.

Kragsteine: aus der Mauer vorspringende Tragsteine für Erker und Balkone.

Kreidefeuer: Warnfeuer und Feuer zur Übermittlung von Nachrichten.

Laaser Marmor: sehr harter und wiederstandsfähiger Marmor, der auf dem Nördersberg im Laaser Tal bei Laas und am Göflaner Berg in Südtirol abgebaut wird.

Loggia: Bogengang oder Bogenhalle.

Mannsloch: kleiner Eingang bei einem Burgtor, der nur den Durchgang einer Person ermöglichte.

Mausoleum: Grabgebäude, benannt nach dem mächtigen Grabmal des Königs Maussolos in Halikarnass, einem der sieben Weltwunder der Antike.

Meierhof: unter Meier versteht man einen Verwalter im Dienst eines Grundherrn. Er bewirtschaftete den Meierhof.

Ministerialen: niedere Adelige, ursprünglich unfreie Dienstleute, im Hofdienst weltlicher und geistlicher Fürsten.

Palas: Hauptgebäude einer Burg, meist mehrgeschossig, mit Keller und Saal.

Pechnase: vorspringender Erker mit Öffnung unten zur Verteidigung.

Pfand(besitz): Landesfürsten liehen oft Geld auf und verpfändeten als Sicherstellung für die Rückzahlung Burgen, Ländereien etc.

Pfleger: Beamter, für die Verwaltung und Verteidigung einer Burg verantwortlich.

Porphyr: Sammelbegriff für verschiedene vulkanische Gesteine, die große Kristalle in einer feinkörnigen Grundmasse besitzen.

Ringmauer: siehe Bering

Rondell: vorspringender Rundturm an der Außenseite von Burgen und Festungen oder davor.

Rüstkammer: Lagerraum von Waffen und Geräten.

Schießscharten: Maueröffnungen und Schlitze zur Verteidigung.

Schildmauer: hohe Schutzmauer einer Burg an der Stelle, an der das Gelände höher ansteigt.

Schloss: repräsentativer, kaum oder gar nicht befestigter, meist symmetrisch angelegter Adelssitz ab der beginnenden Neuzeit.

Sperrfort: siehe Fort

Triforium: Laufgang unter den Fenstern beim Mittelschiff, Querschiff und Chor von Kirchen.

Turmburg: Wohn- und Verteidigungsanlage in Form eines Turms.

Via Claudia Augusta: wichtigste Römerstraße durch Tirol als Verbindung zwischen dem süddeutschen Raum (Augsburg) und Norditalien.

Vogt: Schutzherr im Mittelalter, meist Adeliger im Dienste eines geistlichen Würdenträgers.

Vogtei: Schutzgebiet eines Vogtes.

Vorburg: selbständige befestigte Anlage vor der eigentlichen Burg mit Unterkünften für Gesinde und Soldaten, Wirtschaftsgebäuden, Ställen, Vorratslagern etc.

Wehrgang: Verteidigungsgang einer Burg an der mit Zinnen versehenen Innenseite der Mauer.

Wirtschaftsgebäude: Stallungen, Scheunen, Vorratslager etc.

Zinnen: von Zwischenräumen unterbrochene, schildartige Mauerbrustwehr an Burgen.

Zisterne: Vertiefung im Boden, in der das Regenwasser von den Dachrinnen gesammelt wird.

Zwiebelhaube: zwiebelförmiger Dachaufsatz zur Zeit der Renaissance und im Barock.

Zwinger: Raum zwischen der äußeren und inneren Mauer einer Burg, in deren Enge der Angreifer „eingezwungen" war und sich beim Kämpfen nicht frei entfalten konnte.

Hinweis: Das vorliegende Buch wurde sorgfältig erarbeitet. Dennoch erfolgen alle Angaben ohne Gewähr. Weder die Autoren noch die Verlage können für eventuelle Nachteile oder Schäden die aus den im Buch vorgestellten Informationen resultieren, eine Haftung übernehmen.

BIBLIOGRAFISCHE INFORMATION DER DEUTSCHEN NATIONALBIBLIOTHEK
Die Deutsche Nationalbibliothek verzeichnet diese Publikation in der Deutschen Nationalbibliografie; detaillierte bibliografische Daten sind im Internet über http://dnb.d-nb.de abrufbar.

© 2009 by Tappeiner AG, Lana (BZ) und Verlagsanstalt Tyrolia, Innsbruck
Alle Rechte vorbehalten

Das Werk, einschließlich aller seiner Teile, ist urheberrechtlich geschützt. Jede Verwertung außerhalb der engen Grenzen des Urheberrechtsgesetzes ist ohne Zustimmung der Verlage unzulässig und strafbar. Das gilt insbesondere für Vervielfältigungen, Übersetzungen, Mikroverfilmungen und die Einspeicherung und Verarbeitung in elektronischen Systemen.

Umschlagfotos
Tappeiner Verlag: Schloss Boymont (Foto Tappeiner AG)
Verlagsanstalt Tyrolia: Schloss Tirol (Foto Tappeiner AG)

Gesamtherstellung
Tappeiner AG, Lana (BZ)

Buchgestaltung
Tappeiner AG, Lana (BZ)

Druck: Printed in Italy
ISBN 978-88-7073-434-8 Tappeiner AG
ISBN 978-3-7022-2997-9 Tyrolia Verlag

Bildnachweis Kapitel
Tappeiner AG, Airphoto Tappeiner, Christjan Ladurner (I)
Anton Prock (A)

Archiv Bergbaumuseum Kornkasten in Steinhaus, Archiv Museum Ladin, Archiv Tyrolia Verlag, Archiv Volkskundemuseum Dietenheim, Archiv Weinmuseum Kaltern, Bildarchiv Innsbruck-Tourismus, Foto Niedermayr, Foto Trost, Hans Leiter, Südtiroler Burgeninstitut, Tiroler Landesmuseum Ferdinandeum.

Bildnachweis Inserate und Tipps
Ausserdorfer Peter, Bärbel Büchler, Blickle Frieder, Die Gärten von Schloss Trauttmansdorff/Manuela Prossliner, Falkensteiner Michael, Foto Service Haller, Foto Trost, Fotostudio2000/Matzohl Emil, Kompatscher Anneliese, Marini A., meraner-hauser.com, Obkircher Barbara, Pattis Johann, Prock Anton, Ritter, Schwaiger Peter, Sirio, Tappeiner AG, Unterweger, Kilian, Wett Günther, Xenon, Zanol Josef sowie weitere Bilder aus dem Privatbesitz der Inserenten.

TAPPEINER. www.tappeiner.it
TYROLIA www.tyrolia-verlag.at